你会管孩子吗

Will you teach the Child

孙颢 / 编著

高效力的79%条教子规则

中国华侨出版社

图书在版编目（CIP）数据

你会管孩子吗/孙颢编著. —北京：中国华侨出版社，2010.4
ISBN 978 – 7 – 5113 – 0318 – 9

Ⅰ.①你… Ⅱ.①孙… Ⅲ.①家庭教育 Ⅳ.①G78

中国版本图书馆 CIP 数据核字（2010）第 044736 号

● 你会管孩子吗

编　　著	/孙　颢
责任编辑	/文　心
经　　销	/新华书店
开　　本	/710×1000 毫米　1/16　印张 15　字数 220 千字
印　　数	/5001–10000
印　　刷	/北京一鑫印务有限责任公司
版　　次	/2013 年 5 月第 2 版　2018 年 3 月第 2 次印刷
书　　号	/ISBN 978 – 7 – 5113 – 0318 – 9
定　　价	/29.80 元

中国华侨出版社　北京市朝阳区静安里 26 号通成达大厦 3 层　邮编 100028
法律顾问：陈鹰律师事务所
编辑部：(010) 64443056　64443979
发行部：(010) 64443051　传真：64439708
网　　址：www. oveaschin. com
e – mail：oveaschin@ sina. com

前 言

你必须马上全力以赴管好你的孩子

可能你正"日理万机",正在做你的升官梦或发财梦,可是你必须马上开始,全力以赴管好你的孩子!因为这是你目前最重要的事情。

谈到管理,就不得不谈谈管理的理论:管理好你的孩子,要特别注重"效力"而不是"效率"。

这是因为:"效率"重视的是采用最有效的方法,在最短的时间内完成最多的事情;可是追求"效率"忽视了根据事物的重要性来安排办事的时间顺序。而"效力"主要是强调"时间的最佳利用",也就是说,"效率"要求在同一时间里完成更多的工作,而"效力"则追求在同一时间里做好最重要的工作。

你目前最重要的事情是什么?管好你的孩子。

我们发现,现在的父母大都很繁忙,整天都是"来也匆匆,去也匆匆"。他们希望在同一时间里做好更多的事情。可是这些父母忘记了:在这个同一时间有更重要的事情需要你去做,就是管好你的孩子!

我们来举一个例子:富兰克林是世界上最杰出的人之一,你看他是怎样处理这方面的问题的。

他的三女儿莎拉生第三个孩子之后,找到父亲诉苦说:"爸爸,我很喜欢这个孩子,但是孩子几乎占据了我的全部时间,其他的事情一点也不能做，可是偏偏又有些事情非要我去做不可。我该怎么办呢？"

富兰克林是一个善解人意的父亲，对女儿的忧虑很理解，他知道，莎拉聪明能干，生活很充实，手里总有做不完的事。经过认真地倾听女儿的诉说，他明白了女儿之所以苦闷，就是因为她对自己的期望值太高了。

经过认真思索，富兰克林认为，女儿目前最重要的事情是充分享受生儿育女的快乐，目前，这才是她最重要的事情。

他对女儿说：

你应该尽量地放松自己，充分地享受与孩子在一起的乐趣，同时要让孩子感受到与母亲在一起的欢乐。你应该清楚，在整个世界上，只有你能够并且应该为孩子付出最深切的爱和最多的精力。其他的事情与这种天伦之乐相比，都是微不足道的。

经过与父亲的一番谈话，莎拉体会到，把所有的时间都放在孩子身上，自己的生活是会失去平衡的，但是自己对此不应该有什么怨言，因为这是作为父母的重要责任。她接受了父亲的建议，等孩子长大一些，自己就可以花更多的心思去干自己愿意干的事情，就可以去追求自己的目标了。

富兰克林最后对莎拉说：

你应该把心里的时间表忘掉，然后再去制定自己的规划。如果你觉得这样做会产生一种罪恶感，那么你就什么计划都不要做，安安心心地带好自己的孩子。管好孩子是你的生活中最重要的事情，应该尽量享受作为母亲的快乐，没有什么好烦恼的。

你要记住，应该遵循自己心中的罗盘，而不要用眼睛死死地盯着墙上的时钟！

在许多父母身上，莎拉的这种情况是经常发生的。在很多人的心目

PREFACE 前言

中，心里的罗盘与时钟差异是很大的，这些人很难根据事情的重要程度来安排时间顺序，因而常常达不到预期的目的，不少时候还会捡到了芝麻，却丢掉了西瓜。

我们也希望在这里"冒充"一次富兰克林！

因此，我们给本书加的副标题是"高效力的79条教子规则"。"高效力"就是要求父母放下手中的其他事情，全力以赴地管理自己的孩子。"规则"就是规律，你是不能违背的，否则你会后悔不及！希望读者能够体谅我们的一片赤诚，放下你手中的其他重要工作，担负起管理孩子的神圣责任。只要你能够充分地理解这一点，你也能造就天才。所以我们的书名是"天才都是管出来的"。这不是哗众取宠，而是作者的拳拳之心！

从"效力论"的观点来看，选择方法很重要，而管理就是最重要的方法。

只要一谈到管教孩子，中国的父母们很快就会说出一大堆"绝招"来，什么"养不教，父之过；教不严，师之惰"，"黄荆棍下出好人"，"严师出高徒"等等。对这些几千年流传下来的古训，很多父母都是奉为至宝的，以为是"千古不变"的真理。可是我们这里要说，正是因为这种教育方法，很多优秀的人才被戕害了……

当然，对孩子必须严格教育是理所当然的，可是怎样"严格"，却是很值得研究的。

对孩子抱怎样"严格"的态度，采用怎样"严格"的方法，这是大有差别的，其结果也是大不相同的。

这些年来，我们经常在报刊杂志上看到不少关于孩子杀死父母，父母打死孩子的"惊心动魄"的报道，的确发人深省！

我们的孩子怎么了？做父母的怎么了？

面对这种情况,"管"孩子的事,的确应该提到父母最重要的议事日程上来!

"管"孩子既不应该让孩子战战兢兢,看见父母就好像老鼠见了猫;也不应该使孩子成了父母的"克隆",缺乏应有的自主性和创造力;更不应该使孩子在父母的面前是条"虫",而离开父母就变成了一条"龙"。

我们的主张是:对孩子应该严格,但是要让孩子觉得亲近,让他们在"润物细无声"的气氛中感受童年的快乐;应该让孩子遵守规则,学会学习,但是更重要的是使孩子打破常规,爆发出无限的创造力……

"管"孩子是一件很辛苦的事情,但是,父母的责任重于泰山,我们应该勇敢地承担起这个神圣的责任。其实,只要我们学会"苦中作乐","管"孩子也是一件很简单的事。即使很辛苦,父母也可以从孩子的成功中获得很大的补偿,产生一种成功的喜悦。有什么事情比这种成功更能够使人欢欣鼓舞呢?

我们之所以说"管"孩子辛苦,这是因为,"管"孩子不是一天一日的事情,而是一项巨大的工程,需要时间,需要韧性,需要方法,需要智慧。可是,在一天天中,在一件件的事情中,父母感觉到的可能不是辛苦,不是劳累,而是不断的欣慰,而是成功的自豪感,而是胜利者凯旋而归……

如果是这样,我们还有什么可犹豫的呢?

"管"是一种观念,"管"是一种态度,可以"管"出智慧,可以"管"出才能,可以"管"出品质,可以"管"出一个天才的孩子……只要你坚持下去,一切都会"心想事成"。

我们希望父母都具备一种管理孩子的新观念。

"管"孩子其实就是这么简单:找准了方向,不断地走下去,不要

希望在一个晚上培养出一个天才来——因为"罗马不是一天建起来的"!

要把孩子培养成全面发展的最佳儿童,也并非凭一时的心血来潮、感情冲动就能大功告成。要根据孩子的心理特点,认真观察,仔细分析,因势利导,注意孩子的一举一动、一言一行,随时纠正孩子的不良行为——也就是要舍得下功夫。

要细心发现孩子的兴趣,鼓励孩子发展爱好,不要把自己的兴趣、爱好、愿望强加于孩子。例如,世界文豪雨果的母亲经过长期细心观察,才发现孩子对诗歌的爱好。她看到雨果那种对诗歌创作异乎寻常的热情和萌动着的天生的对诗的灵感,于是决定支持孩子的选择。所谓细功夫,并非对孩子一切都包办代替、溺爱,这样会压抑孩子的责任感、进取心,只有细心地引导才能增强孩子的自尊心、自信心。

这是一个艺术性的工作,需要父母采用巧妙的方法。

有这样一位母亲,当她发现孩子将蛋黄和饭倒进垃圾箱里时,没有斥责、打骂孩子,而是星期天带孩子去郊外挖野菜,回来做好野菜汤,郑重地说:"孩子,开饭了。"

孩子喝了一口说:"这叫什么饭?这么难喝!"

母亲耐心地给孩子讲起了过去生活的艰辛,讲起了衣食得来的不易,讲起了浪费的错误,孩子不好意思地低下了头。

另有一位母亲,当她发现孩子因好奇把录音机弄坏时,对孩子说:"多可惜啊!这是你爸爸和我花了一年的积蓄才买来的。"

孩子因自己的过失非常内疚,从此改过。

以上两位妈妈如果训斥、打骂孩子,效果不一定好,甚至会适得其反,造成孩子逆反心理。以此巧妙的办法,使孩子容易和乐于接受。

对孩子要严格要求,这是管出天才的必然要求。如要求孩子饭前洗手，就必须天天坚持检查。男孩子贪玩，有时匆匆忙忙做完事就去玩耍，如你要求他扫地，他会草草扫几下便完事，这就需要父母严格要求，既耐心给他讲道理，又要求他重新做，久而久之，孩子便会养成良好的习惯。

管理好自己的孩子是一件大事，特别是独生子女已经成为主流的时代，更需要父母接受新观念，舍得下大功夫，学会使用巧妙方法，坚持不懈地严格要求，孩子的巨大潜能就会释放出来，你难道还害怕造就不出天才的孩子吗？

目　录

第一章
发挥管理的功能，提高孩子综合素质

很多智力一般的孩子取得了优异的成绩，而不少高智商的孩子却因为各种因素而默默无闻。因此，父母必须高度重视管理的功能，提高孩子的综合素质，充分发挥孩子的天赋和才能。

塑造天才的根本：管出孩子的优良品质 …………………… 2

 01. 培养友好行为，预防孩子的攻击性 …………………… 2
 02. 让孩子体会弱者的痛苦，培养同情心 ………………… 4
 03. 鼓励自我对话，树立自我形象 ………………………… 5
 04. 让孩子自我管理，增加独立意识 ……………………… 8
 05. 维护孩子的尊严，保护孩子的自尊心 ……………… 10

成就天才的翅膀：管出孩子的无限潜能 ………………… 15

 06. 教给孩子自我保护的方法和能力 …………………… 15
 07. 让孩子多交朋友，学会交际本领 …………………… 17
 08. 经风雨见世面，锻炼孩子承受挫折的能力 ………… 25
 09. 让孩子在克服困难中获得动力 ……………………… 27
 10. 多与孩子讨论问题，增加孩子的求知欲 …………… 29

11. 心灵则手巧：让孩子多动手 …………………………… 35

12. 鼓励孩子模仿，奠定创新基础 ………………………… 36

13. 保持童心，让孩子研究大课题 ………………………… 38

14. 鼓励孩子发表意见，训练创新意识 …………………… 40

15. 弄坏玩具不可怕，鼓励孩子玩儿出新花样 …………… 44

16. 增加孩子应付危险的能力 ……………………………… 47

支撑天才的基石：管出孩子的成功习惯 …………………… 50

17. 父母会放权，孩子能自觉 ……………………………… 50

18. 积极支持孩子自立 ……………………………………… 56

19. 大力培养孩子的参与意识 ……………………………… 59

20. 家里设立"自治区"，留给孩子自由天地 ……………… 64

第二章

树立管理的观念，把握孩子发展大方向

父母希望培养出一个天才的孩子，就必须树立管理孩子的新观念，把握孩子发展的大方向。在孩子成长的过程中，出现一定的偏差是难免的，只要掌握好了大方向，就会到达目的地，因为孩子具有很大的可塑性。

培养孩子成功的素质，增加孩子信心 ……………………… 70

21. 自信：能力和意志的催化剂 …………………………… 70

22. 快乐：铸造成功性格的杠杆 …………………………… 71

23. 情境：提高情商的金钥匙 ……………………………… 73

24. 天道酬勤，有耕耘才有收获 …………………………………… 77
25. 勤俭朴素催人奋进 ……………………………………………… 80
26. 学会理解、倾听，轻松跨越代沟 ……………………………… 85
27. 孩子不能太听话：男孩淘气好，女孩淘气巧 ………………… 90

抓住天才成长关键期，让孩子身心健康 …………………………… 92

28. 以退为进，让孩子安全度过断乳期 …………………………… 92
29. 以柔克刚，帮助孩子度过心理危险期 ………………………… 94
30. 孩子心灵是净土，受到污染难治理 …………………………… 103
31. 孩子心灵需爱护，心理虐待要不得 …………………………… 105
32. 父母学会冷处理，孩子拥有好情绪 …………………………… 107

第三章

落实管理的行为，纠正孩子不良现象

校正孩子的不良行为，不能靠责骂，更不能动拳头，而需要地是理智地宽容、细心地纠正，让孩子增加信心，确立自尊，走出幽谷，走向光明。

宽容孩子的过失，提高孩子的感悟能力 …………………………… 114

33. 父母应宽容孩子的过失 ………………………………………… 114
34. 让孩子吸取教训才能避免不断闯祸 …………………………… 116
35. 批评孩子的技巧：低声、沉默、暗示 ………………………… 119
36. 不要急功近利，孩子追星非好事 ……………………………… 121
37. 不给发怒机会，孩子的脾气就会短路 ………………………… 123

38. 孩子无理要求多，父母要会说"不" ……………………… 127

纠正不良行为，增强孩子的免疫能力 ……………………… 129

39. 父母细心，能纠正孩子粗心 …………………………… 129
40. 对任性的孩子要因势利导 ……………………………… 133
41. 关心孩子睡眠，促进大脑发育 ………………………… 138
42. 留住孩子的美梦，驱赶孩子的噩梦 …………………… 143
43. 认同性别角色，提防性别偏差 ………………………… 147
44. 根治谎言：寻找说谎的根子，播撒诚实的种子 ……… 151
45. 避免偷窃：保护廉耻心，启发羞耻心 ………………… 156
46. 营养必须全面，孩子不能挑食、贪食 ………………… 158

第四章
运用管理的方法，做一个造就天才的能工巧匠

让孩子服从规则，将来他就会遵纪守法；让孩子学会控制情绪，情商就能发挥应有的作用；经常激励孩子，成就感就能推动他胜利前进；树立一个好的榜样，孩子的心目中就有一座灯塔。

用规则去管理，让孩子从小遵纪守法 ……………………… 164

47. 记录过失，改正陋习 …………………………………… 164
48. 留给孩子希望，逐步纠正坏习惯 ……………………… 167
49. 利用契约限制，让孩子懂得规矩 ……………………… 170
50. 通过临时隔离及时终止不良行为 ……………………… 171

用情绪去管理，发挥情商的威力 ……………………………… 175

51. 活用童话诱导孩子，营造快乐气氛……………………… 175
52. 预防消极情绪，走向积极人生…………………………… 177
53. 利用艺术，减轻孩子的压力、焦虑……………………… 180
54. 寻找孩子的优点，增加学习兴趣………………………… 184
55. 不滥用父母权威，尊重孩子的自主权…………………… 192
56. 科学抚摸孩子，训练孩子触觉敏感度…………………… 193
57. 倾听孩子诉说，让孩子离开恐惧………………………… 199
58. 增加亲切感：父母蹲下去，孩子站起来………………… 201
59. 发现和尊重孩子的兴趣和爱好…………………………… 203
60. 为子女辩护，理解孩子的委屈…………………………… 207
61. 让孩子尽早尽快认识自己………………………………… 208

用鼓励去管理，让孩子获得成就感 …………………………… 210

62. 鼓励孩子提问，帮助孩子思考…………………………… 210
63. 树立信心，增加成就感…………………………………… 211
64. 发现闪光点，塑造孩子个性……………………………… 213
65. 放手让孩子编织人生美梦………………………………… 219
66. 到大自然中去陶冶健康身心……………………………… 221

第一章

发挥管理的功能，
　　提高孩子综合素质

很多智力一般的孩子取得了优异的成绩，而不少高智商的孩子却因为各种因素而默默无闻。因此，父母必须高度重视管理的功能，提高孩子的综合素质，充分发挥孩子的天赋和才能。

塑造天才的根本：
管出孩子的优良品质

<u>孩子能否最终成为杰出人物，其根本在于孩子有没有优秀品质。这些品质有很多种，诸如善心、同情心、独立意识、自尊心等。孩子具备这些品质，完全能够弥补智力的不足、环境的恶劣等不利因素。这是管理出天才的根本所在。</u>

01. 培养友好行为，预防孩子的攻击性

有的孩子很残暴，残害小动物，随意发脾气，蛮横不讲理，具有很强的攻击性，父母感到头痛，伙伴感到畏惧。这种孩子所缺乏的就是爱心。爱心是孩子的一种优秀品质。有了爱心，孩子就会爱自己的玩具、爱父母、爱伙伴，以至于爱自然和社会。这样孩子就能健康成长，发挥出自己的天赋和才能，最终成为前途无量的人物。

先看这样一个例子：

一位心理医师接待过一位30岁上下的女士，她五官端正，只可惜满脸菜色，皱纹过早地爬上额头。显然，其内心正经受某种痛苦的煎熬。

这位女士说：

我儿子小时候很可爱、很逗人喜欢。后来，不知从什么时候开始，他学会发脾气，脾气一来，九头牛也拉不转。只要他想干什么或想要什么，我们就必须立即满足他。否则，他就哭闹、打滚、扔东西或毁物品，甚至自毁——用头撞墙或用手拍打自己的脑袋。他爸性格火爆，他一闹就挨他爸打。你越打，他越犟，一点也不示弱。眼看就要出人命，

第一章
发挥管理的功能，提高孩子综合素质

我只好央求他爸息怒，把他爸拉开。然后，又千方百计去满足孩子的要求。我成了夹心饼，两面挨烙。他爸怨我太护着孩子，而儿子也不领我的情。

这位女士越讲越伤心，终于讲不下去了。

"你儿子多大了？"

"才4岁多，还不到5岁。"

心理医师心里有底了，他开始耐心、详尽地给这位女士做解释。

攻击性行为是一种目的在于使他人受到伤害或引起痛楚的行为，它在不同的年龄阶段有不同的表现形式。在幼儿园阶段主要表现为吵架、打架，是一种身体上的攻击；稍大一些的孩子更多的是采用语言攻击，谩骂、诋毁，故意给对方造成心理伤害。

攻击性行为形成的关键期是婴幼儿阶段。这期间年轻的父母不仅千方百计地满足孩子的各种需要，而且食物也优先供应孩子，甚至不让孩子与他人分享，这样容易导致孩子占有欲旺盛。父母的娇宠放纵极易导致孩子为所欲为，稍不如意就以"攻击"的手段来发泄不满，甚至发展到以攻击他人为乐趣的地步。

攻击性行为有着明显的性别差异，一般来说，男孩的攻击性比女孩更突出。男孩受到攻击后，会急切地去报复对方，如果任其发展，成年后这种攻击性行为就可能转化为犯罪行为。人小脾气大的孩子除了脾气倔之外，一般还有点"小聪明"。他们能摸透大人的心理，也掌握了一套规律：只要先撒娇，再磨缠，最后向大人发一通脾气，闹一番，什么目的都能达到。

一般来说，3岁左右的孩子就开始有独立的愿望，并萌生自我意识。他们不愿事事受父母的管束，对父母的包办或摆布产生反感。当大人不满足他们的要求时，他们就会把内心的不满毫无保留地发泄出来。另外，孩子只不过刚刚具备了一些初步、简单的生活知识和生活经验，对偌大的世界所发生的形形色色的事情还不能理解，他们要独立，却又

做不好。在这种情况下，他们会因为达不到目的而发脾气。

孩子不善于用语言表达，有些事情他们还说不清，因而在大人坚持要他们做不愿做的事，或大人坚持不允诺他们的要求时，他们就会用发脾气来宣泄其压抑的情绪。

孩子发脾气、耍赖，原是作为要挟大人的手段，并不希望太过火。可是，脾气一发，过分的兴奋就像决堤的洪水般奔腾呼啸，他们丧失理智，任凭情绪左右，只顾撒野，一点余地不留。过后，虽然愿望达到了，但对自己发脾气时诸如以头撞墙、摔坏心爱的玩具等行为感到后悔，甚至内疚。同时，他们尝到了对自己行为的无可奈何的滋味，也体验到自己的无能为力，于是，他们会感到自卑和痛苦。

心理学家认为，攻击是宣泄紧张、不满情绪的消极方式，对儿童的发展极其有害，必须进行纠正。父母可以采用"转移注意"的方法，在日常生活中多用一些有趣的事来转移其注意力，这样可以通过培养兴趣、陶冶性情以达到"根治"攻击性行为的目的。例如：在孩子情绪紧张或怒气冲冲时，可以带他去跑步、打球或进行棋类活动，消耗能量；培养文化兴趣，绘画、音乐是陶冶性情的最佳途径。引导孩子经常从事这类活动有助于恢复他们的心理平衡，乃至逐渐改掉攻击性行为。

02. 让孩子体会弱者的痛苦，培养同情心

同情的对立面就是残忍，具体表现出来，就是一种攻击性行为。按照生态学理论的解释，攻击是对人的本能的反映，这种本能必须靠道德的约束力量才能加以压抑。有些孩子喜欢虐杀小动物，有的喜欢欺侮有残疾的人，这些就是充满攻击性的残忍行为。

有的孩子看到小动物，比如一只蚂蚁，他们就会像狮子一样冲上去，一脚踏上去，把蚂蚁碾成齑粉。孩子的这种残忍行为，与他们认知能力和道德观念的薄弱之间关系显然是很密切的。因此，在对孩子的教

育中，必须增加培养善良情感的内容，防止孩子本能的攻击性行为。

充满敌意的攻击性往往发生在不相识的对象身上。因此，压抑攻击性的有效手段之一就是增加认识能力和扩大认识范围。父母经常带孩子到动物园、自然博物馆、水上世界去参观动物，或让孩子饲养小动物，让孩子懂得动物是人类的朋友，这样就可以有效地减少孩子对小动物的残忍行为。

父母可以采取各种教育手段，让孩子对残疾人产生同情心，这是制止孩子欺侮残疾人的有效手段。比如在家里可以让孩子蒙上眼睛模仿盲人行走，体会盲人的痛苦，这样就可能使孩子体验到残疾人的痛苦，就会让孩子产生对他们的同情心。

孟子说："恻隐之心，仁之端也。"培养孩子的同情心，防止孩子的残忍行为，是培养孩子良好品质和善良情感的起点。

如果孩子总是在施行残忍行为（比如虐杀小动物或欺侮残疾人）中得到快乐，那就可能有某种心理障碍了，应该请心理医师诊断和进行行为矫正。

03. 鼓励自我对话，树立自我形象

孩子的心灵是需要交流的，因此父母必须明白怎样让孩子朝善于思考的方向发展。让孩子进行有效的自我对话，就是这种交流的好方法。父母只要学会帮助孩子描绘他们思考的内容，孩子的自我形象就树立起来了。

眼睛不要只盯着可能挡着路的石块，而是要寻找绕开石块的路——这就是树立孩子自我形象的好方法。

我们经常发现，不少的孩子都会自言自语，好像在诉说很多东西。这就是孩子在进行自我对话。

美国人卢·泰斯这样说：

大约是在25前，我和我的妻子开始收养无家可归的孩子。我们所收养的孩子绝大多数是倍受虐待的，最大的14岁，最小的才五六岁。我们开始做这些事的时候，没有一点儿这方面的经验，所以感到困难重重。

我和我妻子都想成为世界上最好的父亲和母亲，因此我们就想方设法和这些孩子沟通。我们告诉这些孩子，你们曾经被车撞过、被石头打过，你们还遭受过身体上或情感上的虐待，但是你们要记住，从今天开始，过去的恶梦已经全部结束，因为我们会为你们创造一个非常积极的环境。

每当这些孩子做得不错的时候，我们马上表扬他们，并告诉他们：你们是多么的出色。我们想以此来营造一个宽容的、充满爱心的教育环境。然而，令人头疼的事情总是经常发生，我们刚刚表扬这些孩子，他们都会紧接着做一些恶作剧，或在沙发后和衣柜里点上一把火，或从邻居那儿偷点东西。我说："我的天，你们为什么要这样做？"然后严厉地说："在想清楚之前不准进家门。"孩子们居然会说："好的。"他们是在迫使我运用惩罚手段。

我终于发现了这么一种现象：一旦获得了一个自己的形象，也就习惯了环境以这一形象对待自己。即使环境变了，但起初的时候仍会下意识地以原来习惯的行为方式行事，使外在的环境和自己内在的形象相匹配，这就叫"自我形象"。

举个最简单的例子，如果自己不是好人，而别人却用对待好人的方法对待自己，自己就会下意识地闯点祸以便被惩罚；但是自己毕竟知道别人对自己好，所以不会做出让人遗弃的事情。当时我们夫妻不明白这个道理，因此对这些孩子头疼极了。当一切烦恼都过去之后，一个明确的教育理念也就形成了：父母给孩子最好的礼物就是使他们在头脑里建立一个积极有益的自我形象。

孩子确实值得享受最好的：最好的教育、最好的友谊、最好的人际

第一章
发挥管理的功能,提高孩子综合素质

关系……为孩子塑造自我形象,这是所有父母教育孩子的起点。

让孩子用自己的思想来建立起自我形象。这又引入了一个新的概念:"自我对话"。"自我对话"就是一个人内在的对话,包含的内容在我们大脑里会逐渐积累起来并成为我们信念的一部分:自己怎么认定自己,自己就可能成为什么样子。因此,对孩子进行评定时,父母必须非常小心地使用词语。父母应该引导孩子思考,引导孩子认定自己是快乐的、积极的、富有创建性的。父母千万要注意不要让孩子认定自己是不值一提的、令人绝望的、惹人讨厌的。

据研究推算,每个成人一天就有5000条想法在脑海中流过,但是,这些想法绝大多数都是比较消极的、非创建性的、没有意义的、琐碎的,只会降低自己的自我形象。这些话如果不经意地流露给孩子,也会因此而降低他们的自我形象。

试着将生活中的一些画面记录下来:

"你总是捉弄你的妹妹。"

"我总是捉弄我的妹妹。"

"你瞧,你就是没有头脑。"

"我知道了,我没有头脑。"

"你总是把你的衣服扔得满地都是。"

"我总是将我的衣服扔得满地都是。"

……

父母如果经常与孩子这样说话,孩子的负面自我形象就逐渐形成了,而这并不是父母所希望的。父母应该做的是,告诉孩子希望他们朝哪个方向发展。

比如,孩子喜欢捉弄其他人,父母不要强调孩子正在做什么,而最好说:"不要这样做。我认为你是一个善良的、懂礼貌的孩子。"

当看到地板上有衣服,父母不要强调这一现象,而应该直截了当告诉孩子:"把衣服拣起来放好。"

当对一个十来岁的孩子有厌恶感的时候，父母不能将这种感觉告诉孩子。父母甚至可以把他们假想成为幸福的、成功的成人。这样做的时候，父母的头脑中就会形成这样一个印象，对自己不断地暗示："我不相信孩子会干这些事情，我相信孩子会是……"然后父母就向孩子仔细地描绘自己希望孩子成为什么样。

作为父母，必须明白孩子是朝着他们思考的方向发展的，父母的责任就是帮助孩子描绘自己想要他们思考的内容。

这里有一个很典型的例子：假如你是一个小孩，你正在骑车，你看到路上有一颗石块，你并不想撞上去，但你始终盯着这个石块看，糟糕，你真的撞上去了。当你有了经验之后你就不会这么做了，因为你在发现石块的同时，也发现了要骑的路线，于是你就绕过去了。

这就是父母管理孩子的好方法：如果父母发现了孩子有不当行为，就直接告诉孩子希望他怎么做，不要总是盯着石块，而要盯着绕过石块的路。于是，父母就可以把孩子引向成功，使孩子成长为父母所希望他们成为的人。为了孩子永久的幸福，这是父母所能够做到的最了不起的事情。

04. 让孩子自我管理，增加独立意识

现在的很多孩子是"衣来伸手，饭来张口"，什么事情都是父母包办代替。这是一种很不正常的现象，父母应该努力改正。父母必须清楚，总有一天，孩子是要成为自立于社会、自立于人生的个体的。

父母如果能从小就培养孩子自己的事情自己做、自己的东西自己管、自己的生活自己安排的自我管理习惯，就能够很好地增强孩子行动的独立性、目的性和计划性，这对于孩子今后生活的幸福和成功无疑是具有很大的好处的。

父母可以从以下方面着手：

第一章
发挥管理的功能，提高孩子综合素质

（1）让孩子自己穿衣服

很多观察资料显示，要让孩子在三四岁之前完全学会穿衣服和脱衣服是不太可能的，但是孩子自己穿衣服，自己叠被子，学会自我管理，这种意识必须从小就开始培养。

研究证明，两岁左右的孩子就已经有自己穿衣服和脱衣服的独立意识。这时虽然花费的时间比较长，也可能穿得不合父母的意，但是，父母还是应该不厌其烦地鼓励孩子慢慢地实践。当然，父母不可撒手不管，应该及时教孩子正确的穿衣服和脱衣服的方法。

如果父母为了省事，不让孩子动手，孩子一旦形成了依赖的习惯，他就不会自己动手去做自己应该做的事情了。

除了鼓励孩子自己穿衣服、脱衣服之外，父母还应该通过言传身教，让孩子不断地形成冷了会添衣服、热了会脱衣服的习惯。同时，还应该教会孩子自己叠自己的小棉被，洗自己的小手绢、小袜子等等。让孩子懂得，自己的事情自己做，这才是一个好孩子。

（2）让孩子自己整理玩具物品

培养孩子自我管理的能力，自己整理自己的玩具是非常重要的一种好方法。父母可以提供以下条件：

①父母应该为孩子准备一个地方，让孩子专门用来放置自己的玩具和物品，让孩子知道这些玩具和物品各有各的"家"，每次用完之后，都应该将这些东西送回它们自己的"家"去。

②要让孩子明白，收拾自己的玩具和物品是自己的事，自己的事情要自己做，父母是来帮忙的，应该获得孩子的感谢。

③父母要尽可能地用游戏等方式去吸引孩子参与收拾整理自己的玩具和物品等，并且坚持不懈地不断强化，最后使孩子形成习惯。

（3）让孩子知道，自己所做的事情自己要负责。

这对于自我意识还没有形成的小孩子来说确实勉为其难。但是这种意识要在点滴的生活小事中及早播种、及早萌芽，这样就可以让孩子自然而然养成一种良好的习惯。

主要方式有以下几种：

①例如，父母每次抱孩子出门玩儿，可以让孩子想想要带什么东西，通过几次提醒，孩子便会主动想起要戴好帽子或穿好外套等。

②孩子学会表达和思考以后，可以让孩子试着安排一下一天的日程，准备做些什么等。父母可以帮助孩子分析这样做的好处和不足之处以及各种可能性等。

③如果出去之后，孩子发现自己要带的玩具或物品忘记带了，因此发脾气，父母不要自揽责任，而要让孩子知道自己想做的事自己应该安排好，并且养成负责到底的习惯。

④父母要经常给孩子提个醒，自己的事情要自己做，自己做的事情自己要负责。时间长了，孩子就会逐渐地形成这种"负责"的习惯了。

05. 维护孩子的尊严，保护孩子的自尊心

俗话说：树活一张皮，人活一张脸。人的面子是很重要的，尤其中国人更爱讲面子。这不是坏事。可惜往往大人只知道自己的面子，而不注意孩子的面子。小孩子也有他自己的面子，尤其是在他们生活和玩耍的圈子里，如是他们的这种尊严被伤害，他们感受到的耻辱往往比父母还厉害。

说起面子，我们更喜欢用另一个词汇：尊严感。因为面子往往是指一种表面的虚荣，而尊严感则是一个人对自己的人格的尊重。对于我们这本书的主题来说，我们认为，培养孩子的尊严感直接影响到未来。历史上那些成功人物虽然个性不一，但是我们的研究表明，他们都有一个共同点：都具有强烈的尊严意识，都多少有点"士可杀，不可辱"，例如韩信成功就是因为尊严感。

所以我们强烈建议：父母绝对不能伤害孩子的自尊心。然而，事实

第一章
发挥管理的功能,提高孩子综合素质

上,父母无意间伤害了孩子的自尊心却是常有的事。

一位企业家说过一件他孩童时的事情。他生来不会唱歌,唱起歌来声音像个烂沙罐。上小学二年级时,班上举行唱歌比赛,他只得在家里练唱。母亲听了烦躁,就说:"你这哪里是唱歌,是在嚎叫!"这句无意中的评价使他不但对练歌失去了信心,连上学都感到痛苦。

当然,这句话如果是出自他的一个同学,他虽不愿听,但他还可能同他吵,甚至回敬他一句:"我是嚎叫,你是猪叫!"但是这种话出自自己的母亲,他所信赖、尊敬和依靠的人,他就无法反驳了。因此这种伤害可能是无法弥补的。

还有一种无意的伤害,那就是父母总喜欢把自己的孩子看作不懂事的孩子,所以什么事情他们都可以代替孩子作主。其中最常见的情形是:孩子的同学来找他出去玩儿,母亲也不管孩子是愿意还是不愿意,就不加思索地代他说:"看书,不去。"

母亲虽然没有存心伤害孩子,但孩子会觉得在同学面前很失面子。因为孩子进入小学后,他有自己的生活圈,他的朋友,他的世界,在他那个世界里,孩子在心理上认为自己是独立的,他有他自己独立的人格,可以不受父母的控制。母亲在孩子的朋友和同学的面前指导或者指示他的行动,等于向孩子的朋友们表示他还必须在父母的指示下生活,没有独立能力,孩子当然会觉得很扫面子。因此,为了维护自己的面子,有时孩子还会故意不听话。同时,一旦同学们发现某人样样事都不能作主,就不会再找他玩耍,而且不再接受他。这样也有损于孩子社会性的发展。所以,除非迫切的需要,除非孩子的同学和朋友所提出的要求极端不合理,是邀孩子出去胡闹,需要当面立即禁止的话,对孩子的教导应该避免当着孩子的朋友或同学的面进行。有什么不对和不妥的地方,应该等到他单独一个人的时候,再提醒他:"刚刚……"孩子就会容易接受得多。

而孩子的这种心理却不易被父母所理解,更易为父母所忽视,以致产生一些必要的争执和伤害。这些都值得每个做父母的人警惕与注意。这里就存在一个尊重孩子的独立人格的问题。

父母要求子女尊重父母，这是天经地义的。这既是我们中华民族的传统美德，也是古往今来、中外公认的道德。但是，今天在这里我们谈父母也要尊重子女。可能很多做父母的人会认为这是难以接受的。父母是长辈，子女是晚辈，所以子女尊重父母天经地义，千百年来历史如此。千百年来的古训是"子不教，父之过"，"三娘教子"、"孟母择邻"也是千百年来传统的美谈，却从没有听说过父母有尊重子女的责任。然而，这并不是说受教育和被教育者就不应该受到应有的、起码的尊重。当然，这个尊重主要是指他（被教育的人）的独立人格。

父母应该尊重孩子的独立人格。一个孩子养到八九岁，他就会有些独立的意志和欲望，尤其是进中学以后，他会在心理上认为自己有独立的人格。他已经有一些善恶和是非的标准与概念。而对孩子的这些概念，只要不是错误的，我们做父母的就应该尊重。事实上，我们做父母的也大都是这样做了。而且谁也不会有意去侮辱孩子，伤害子女的独立人格。孩子如果在外面受了委屈，父母都会愤愤不平。但是，在日常生活中，父母有时会无意间伤害孩子的自尊和侮辱了孩子的人格，这并不少见，只是未能引起我们足够的重视罢了。

小孩子在家里不免有时乱拿东西，而且用过了又不放回原来的地方。于是父母有时要找一个东西，找不到就会问孩子把东西拿到哪里去了。如果孩子真的拿了，而且经母亲一问马上就记起来，那当然很好，很快就可以把东西找出给母亲送去。可是如果孩子没有拿，就往往会在孩子的心灵上留下阴影。

有的孩子既好奇又调皮，总觉得大人做的一切都新鲜，于是喜欢在爸爸不在的时候，拿他的钢笔写一写或做功课。等爸爸发现了，才被要了回去。这些小事发生多了，就会在父母的头脑里产生一种条件反射：只要有什么东西一时找不到了，马上就会认为是自己的孩子拿了。

第一章
发挥管理的功能，提高孩子综合素质

比如说母亲又找不到自己的剪刀了，就问孩子："你又把我的剪刀放到哪里去了？"

孩子说："我没有拿你的剪刀。"

母亲又在她常放剪刀的地方找了找，还是没有找到。于是又问："你没有拿，怎么我会找不到了呢？一定是你不知道放到什么地方去了。"

如果孩子确实没有拿，为了澄清事实，孩子只得说："我确实没有拿！"

这时，如果比较冷静的母亲，可能就不再追问下去，自己再去找。这是尊重孩子的表现。可是有的母亲比较主观，不相信孩子，往往就会凭过去孩子拿过后没有放回原处的经验，一口咬定是孩子拿丢了，不敢认账："撒谎，一定是你拿了，忘记了，不知道放到什么地方去了！"

孩子没有拿，母亲不信，反而说他是撒谎。孩子心里当然会感到十分痛苦，而且母亲还说他是撒谎，这实质上也是对他人格的一种侮辱。然而主观武断的母亲却观察不到，也了解不到自己无意间对孩子心理上的损害，还以为自己是正确的。直到过了几天，母亲自己又无意间在另一个抽屉或别的什么地方发现了剪刀，才恍然大悟，是前次自己放错了地方，没有放回原处。

类似的事情在不少的家庭中或多或少地发生过，而且常常被父母所忽视。这种无意间的伤害常常给孩子心灵上造成创伤，也容易造成父子母女间感情上的隔阂。

所以，父母一定要学会尊重孩子的独立人格，尊重孩子的自尊心，一个好的父母还应该培育孩子的自尊心和人格。试想，一个没有自尊心和没有人格的人，又会是一个什么样的人呢？！一旦一个孩子失去了自尊，也就会丧失了前进和奋发图强的意志和勇气。

例如，一些不用功和粗心的孩子，在做练习，甚至考试中常会把一些极简单的试题做错。母亲看了孩子的作业本或试卷，发现孩子连简单的试题都答错了，感到气愤和失望，于是可能会骂："这么简单的题目都不会做！你还能做什么！"有的为了刺激一下孩子，还故意辱骂一两句："你真是白吃了几年饭！你是小学一年级吧！"

当然，这种话也可能促使孩子深省，从而产生奋斗的决心。然而，这种讽刺话"你还在上小学一年级吧！"对于中小学生却不可能产生什么好的效果。因为这种话只能刺痛他一下，但并未能使他悔悟，认识自己不用功或粗心大意的错误与缺点。

每个小孩都愿意大人说他们聪明能干。父母骂他"和小学一年级学生一样"等于断言"你的天资差"，当然只会使孩子泄气。照理说，在孩子受到老师或别人责骂"你什么都不会！"时，作为父母应该鼓励、支持孩子："母亲相信只要你好好做，认真地去做，一定能做得很好。"

而且事实也是这样，不管外人怎么说他不行，只要孩子的父母承认孩子的能力，相信孩子的能力，支持和鼓励孩子，最后孩子就一定会努力拼搏，而不会沉沦下去。

反之，如果父母首先就把自己孩子的才能否定了，孩子当然就会无所依靠而丧失信心，结果什么都不想做。

还有一种讽刺话也是不能说的。有的孩子本来对父母依赖性很大，读书做功课都要父母催，做事要父母喊。后来孩子由于某种原因改变了，自动念书做功课，而且还自动帮助母亲打扫。于是母亲觉得很惊讶，不自觉地说了一句："今天怎么太阳从西边出来了！"或者说："今天这孩子怎么变得我认不出来了？是跟隔壁大维学的吧？！"

母亲原是表示对孩子进步的高兴，只是有些意外，所以说了这种带有刺儿的话。不过，即使是开玩笑，这种讽刺话也不要说为好。因为它同样可能伤害孩子的自尊。俗话说得好："说者无心，听者有意。"

我们主张采用夸奖教育的模式，通过夸奖来消除孩子身上的缺点，通过夸奖来放大他们身上的闪光之处！因为孩子如果长期受到激励性话语的影响，就会在心理上形成正面的自我意象，久而久之，他们就能够成为有爱心、有好奇心、有自信心、有成就感的优秀人才！

第一章
发挥管理的功能，提高孩子综合素质

成就天才的翅膀：
管出孩子的无限潜能

孩子具有无限的潜能，这是为科学研究所证明了的。自我保护的能力、良好的交际能力、经受挫折的能力、进取心、求知欲、创造力等，就是成就天才的翅膀。父母只要有意识地训练孩子的这些能力，他们的天赋潜能就会很容易被发掘出来。

06. 教给孩子自我保护的方法和能力

不少父母对孩子过于关爱，正如俗话说的"含在嘴里怕化，放了手里又怕飞"。不管相信不相信，愿意不愿意，孩子总有一天是要离开父母的，特别是随着社会生活和人际关系的日趋复杂，孩子必须自己去面对整个纷繁复杂的大千世界，所以我们必须注意提高孩子的自我保护能力。只有孩子具备足够的自我保护能力，父母才能最终放心安心。

孩子具备必要的自我保护能力，这是孩子的健康人格所必需的，其主要方法是：

（1）让孩子知道不要跟陌生人走

孩子是天真而纯洁的，他们还不了解社会中除了美好的人与事之外，还有丑恶的一面。然而，让一个去孩子辨别复杂现象中的真伪，也是不可能的。为了孩子的安全，父母要教他们最基本的常识和自我保护的方法。

教孩子不和陌生人走，首先要向孩子说明这样做的原因。告诉孩子，社会上有人骗小孩去买卖，被这些人骗走后，再也找不到父母，回不了家，还会挨打、挨骂。

父母还可以给孩子介绍一些拐卖儿童的事例，给孩子读报纸上的报道，让孩子看电视的有关报道，使孩子具体了解被拐骗的后果。

教育孩子不和陌生人接近，不要吃陌生人给的东西，并且要养成这种习惯。

这种教育要经常进行。父母可以抓住社会上这方面的事例反复讲给孩子听，使孩子有深刻的印象。

（2）让孩子知道怎样回家

父母带孩子外出逛商场、去公园等，有时会出现孩子走失的现象。为避免这种事情发生，父母要照顾好孩子，不要让孩子离开身边，即使在人少的开阔地方，也不可让孩子走出自己的视野。与此同时，父母还要教育孩子时时不要离开大人，能主动地跟随大人，并让孩子记住大人身上的突出标志。

为了预防万一，父母很有必要教会孩子走失后怎么办。

父母可以给孩子讲有关儿童走失后如何寻求帮助，最后找到亲人或回到家的故事，还可以和孩子讨论怎样做更好。

父母还可以给孩子出题，让孩子解答。比如，父母可以让孩子回答，如果在商场找不到妈妈了怎么办，如果在大街上找不到爸爸了怎么办。帮助孩子明确在遇到困难的时候，应该找什么人，不能去找什么人。

教孩子记住回家的路，这是比较重要的。父母带孩子出门的时候，要有意识地让孩子记住自己家附近的路名、路上的主要标志等。还可以在回家的时候，或到了熟悉的地方时让孩子带路。

教孩子记住父母的姓名、家庭地址。三岁左右的孩子已经可以不吃力地熟记儿歌、小故事等，所以记父母姓名和家庭地址是不会太困难的。父母要反复告诉孩子记住这些重要的东西。

父母可以把自己的姓名和家庭地址写在纸条上，放在孩子的衣袋中。但是要让孩子知道，这纸条只能给警察等信得过的人看，不要乱找人。

（3）告诉孩子不给陌生人开门

孩子都很好动，更喜欢帮助父母做事。无论是电话铃响还是有敲门声，孩子常常都会抢在父母的前面去处理。这是好事，但是其中却藏有隐患，这就是孩子喜欢给人开门。盗贼常常骗小孩开门，然后入室行窃，这种事情屡有发生。

为了提高孩子自我保护的意识和能力，父母要告诉孩子不能给陌生人开门，并教会孩子听到敲门声该怎么办。例如，先问："你找谁？"再问："你是谁？"最后说："请你等一等，我去喊爸爸或妈妈开门。"除非来客是自家人，都不要让孩子自己去开门，要让孩子知道：家中没有大人时，绝对不给陌生人开门。

为了让孩子了解不给陌生人开门的道理，父母可以给孩子讲些这方面的小故事，读一些报上有关方面的报道。

为了巩固和加深孩子的印象，当孩子按照要求去做，父母要及时地予以肯定，强化孩子的这种意识。

07. 让孩子多交朋友，学会交际本领

孩子是需要伙伴的，父母必须明白这个道理，这是由孩子的年龄特点所决定的。孩子与伙伴之间有共同的乐趣、共同的感情、共同的语言，所以孩子们都喜欢在一起。即使他们之间从不相识，甚至语言不通，孩子们也会一见如故，亲热地玩儿起来。孩子需要其他小朋友的启发和激励，需要他们的陪伴，因此，父母要鼓励孩子大胆与小朋友交往。

著名的德国教育家卡尔·威特教育他的孩子的时候，其中有一条规则就是不准他的孩子接触别的孩子，原因就是怕别的孩子的不良行为影响了他的孩子。在今天看来，这种方法是不好的。

在孩子与小伙伴的交往过程中，父母要正面引导孩子如何与小伙伴

合作，让孩子养成与人平等协作、忍让谅解、守信用、公正忠诚等等这些社会交际中的规范。

孩子与成人交往时，常常会表现出胆怯，父母应该注意以下几个方面：

（1）父母应该给接触孩子的人说清楚，希望他们态度亲切、友好、和气，要使孩子开心而不要使孩子畏惧。

（2）父母要告诉陌生人，接触孩子不能心急，要逐渐接近，让孩子有一个慢慢适应的过程。如果陌生人急于接近孩子表示亲近，强行抱孩子，反而会使孩子感到害怕。

（3）不要让接触孩子的成人吓唬孩子，也不准取笑孩子，不能与孩子开过分的玩笑。这些都会使孩子害羞、胆小，或者使孩子更加放肆、没礼貌。

（4）如果家里来了客人，父母要带着孩子一起接送，客人也要向孩子问好、再见。不要强迫孩子叫人，只要父母做好热情的示范，又鼓励孩子叫人，孩子就会大方叫人。不要在客人面前勉强孩子做他不愿意做的事。父母还要鼓励孩子拿自己的糖果请客人吃，这时，客人应适当吃一点儿，并向孩子表示谢谢。

（5）父母还可以经常带孩子到朋友、邻居家去串门，鼓励孩子自由交谈，以后他就可以单独与别人交往了。

人际关系就是人与人之间的关系，也就是人与人交往过程中所产生的各种社会关系。不同的发展阶段，会形成不同的人际网络，从整体上一般可以分为三类：

以"感情"为基础的关系，如亲情、友情和爱情；

以"利害关系"为基础的关系，如同事、同学、上下级等；

缺乏任何基础的陌路关系，如萍水相逢。

最早产生的、最持久的人际关系即感情型人际关系。形成此类人际关系的两大条件是人际吸引和人际交流。

第一章
发挥管理的功能,提高孩子综合素质

人际吸引是人与人之间彼此注意、欣赏、倾慕等心理上的好感,并进而彼此接近以建立感情关系的历程。性格与能力决定了人际吸引的程度。人际吸引是发展人际关系的前提。

人际交流则是人际关系形成的实质条件,是一个动态的相互作用的过程。到底人与人之间最终是否形成以情感为基础的人际关系,人际交流是非常关键的。

除亲情外,一般的人际关系形成需要五个阶段:

互不相识;

开始注意;

表面接触;

建立友谊;

亲密关系。

不同年龄段对人际关系的需要是不同的,而不同的人也会有不同的交往际遇。对于孩子来说,亲子关系、同伴关系、师生关系将是其发展中的核心人际关系。而且处于不同的年龄,对人际关系的依赖及所受到的人际影响也有很大差异。

就亲子关系而言,会经历以下"完全依赖——半依赖——半独立——独立——新的依赖"的转变;同伴关系上,也会经历"玩伴——同伴——朋友——知心朋友"等不同时期;对老师来说,也同样会有"信奉——批判——选择性认同"等发展阶段。但是,任何阶段的人际关系都是其社会性发展的一个标志,其良好程度正是社会适应能力的重要评价!

父母应该根据这些原则,让孩子学会建立和处理好各种人际关系。这对于孩子的发展来说,也是很重要的。

与人搞好关系是人生的一门艺术,父母应该创造良好的家庭氛围,与孩子建立起温馨美好的感情。在这种环境气氛的熏陶下,孩子就可能与他人相处得快乐而融洽。当然,父母还要有意安排孩子经常与其他小朋友一起玩耍，并随时欢迎孩子的朋友到家里做客。孩子们在游戏之中，常常都会既玩儿得开心又学会了与人交往的艺术。

你是否发现，不少孩子有某种孤独倾向？譬如，尽管一人在家感到寂寞，却又不愿与人交往，不愿参加集体活动。偶尔与人交往或参与集体活动，这些孩子也会表现得不自然不投入，甚至还会不知所措。从另外一个角度看，你也许可以发现一些孩子还有独占独享等不良心理和行为，同样让人难以接受。

据报道，中国目前至少有五六十万幼儿孤独症患者。而上面描述的那种有孤独倾向的孩子，则远远不止这个数目。由此可见，孤独已经成为孩子健康成长的潜在杀手，必须予以高度警觉。

那么，是什么原因导致孩子孤独呢？

其一，孩子没有兄弟姐妹，而父母又多为双职工，很少有时间陪伴孩子；其二，由平房的开放性转向楼房的封闭性，居住环境的变化使人们之间的交往明显减少；其三，许多父母出于种种考虑，不鼓励孩子之间串门走动；其四，父母对孩子娇宠过度，使孩子误以为只要自己快乐就行，不必关心别人，等等。

应当指出，上述原因已经构成扭曲孩子人格的危险因素。

心理学家曾做过一个著名的恒河猴实验，即将有的恒河猴群体喂养，而将有的恒河猴单独喂养。结果发现：群体喂养的猴子合群、健壮、活跃、生命力旺盛，单独喂养的猴子则孤僻、不合群、胆小，连生殖能力都下降了。

这个实验给我们的启示是深刻的，即孩子是不能离开群体的。说得具体一些，孩子身上尤其是人格方面的某些缺陷，靠一家一户的封闭教育是难以奏效的，应依靠群体的作用，以群治独。为了达到此目的，《少年儿童研究》杂志社近些年进行了成功的实验，如"星星河快乐家园"和"假日小队"便是让孩子们组织起来，在集体生活中培养健康的人格。在许多时候，孩子们之间的影响超过了大人的影响，因为孩子

第一章
发挥管理的功能，提高孩子综合素质

更渴望同伴的承认与接纳，而且年龄越大此种渴望愈强烈。因此，以群治独，让孩子走出孤独融入群体，是培养孩子健康人格的明智选择。

人最先的时候与动物是一样的，可能因为如此，有一种语言中把还没有学会说话的孩子称为"东西"，而学会说话之后才被称为"人"。人与其他动物一样，靠着观察、经验累积及模仿等方式来学习许多生活上的基本技能。

孩子在成长的过程当中，慢慢地学会了观察周围的各种各样的人、物等，从中学到许许多多东西。在这个学习过程中，孩子模仿其他人的行为，这成为他个人人格形成的一个重要组成部分。

父母只要细心一点就可以发现，你自己平时说话惯用的字眼、语气、腔调，或是一些习惯性的小动作，都会在孩子身上表现出来。父母不必感到惊讶，因为孩子在日常生活中，可以说是天天都在模仿着你。经过日积月累，孩子终于在你的身上学到了不少东西。

孩子的模仿能力是不断形成的。

1岁前，孩子因为动作及语言方面的能力还未发展成熟，所以模仿能力是不太强的。当然，他们对于外界给予他们的各种刺激是会作出反应的，并且与别人形成互动的关系。

孩子在1岁半到3岁之间，他们的动作发展就比较成熟了，已经能够渐渐灵活运用语言，所以模仿能力开始形成。而在这段时间，孩子学习和模仿的对象主要是日常生活中常接触的人，比如爸爸、妈妈等。

3岁以上的孩子已经拥有很成熟的模仿能力，而且他们的生活范围和层面都在不断扩大，从家里延伸到邻居。幼儿园的小朋友、电视节目中的明星、歌星、运动员、卡通人物等，都可能成为孩子模仿和学习的对象。

观察发现，重复的动作会加深模仿印象。

只要进行仔细观察，孩子模仿的一些行为、动作，通常就是父母等大人在日常生活中习惯性做的一些动作，因为这些动作常常出现在他们面前，他们对此印象很深刻。

正因为如此，幼儿教育专家特别强调父母"身教"的重要性。可能父母不经意的一些不良行为也会在不知不觉中成为孩子模仿、学习的对象。

总之，人际交往是人与人之间相互联系的最基本的方式。未来社会的许多工作都需要人们通过协作去完成，这就必须让儿童从小就学会与他人交往、协作。父母可引导孩子在与别人交往的过程中学会自如地表达自己的意见并处理交往中出现的各种矛盾，让孩子在不断的协调、适应中学会如何与他人和谐地相处与协作。

上幼儿园可提高幼儿社交能力。

英国北伦敦大学的心理学家研究发现，在小学中人缘最好的学生，往往是那些上过正规幼儿园的孩子。他们不仅朋友多，而且社交能力也更强。

从事这项研究的菲利普·欧文和约翰·莱奇福特博士对沃里克郡一所小学的187名孩子进行了调查。他们先将孩子所受的学前教育分为四种类型，第一是幼儿园，那里有较为正规的课程安排，老师既授课又安排大量的游戏；第二是游戏小组，通过特意安排的游戏，鼓励孩子们相互交流与合作；第三是托儿所，那里虽有保育员看护，但没有明确的社交和教育目标；第四是呆在家中由父母、保姆或亲戚照顾。

研究证明，学前教育可为孩子将来的社交能力奠定基础。较为系统的课程安排和活动指导的幼儿园和游戏小组可为孩子社交能力的发展提供良好的环境，而上托儿所和呆在家中的幼儿则缺乏与其他孩子交往的机会。

可见，在儿童成长期，最值得家长担心的就是社会隔绝。不仅社交能力，连认知能力、判断能力、魄力等等都和社会交流有关。无疑，幼儿园是增强孩子社会交流的一个外部环境。

王甘博士曾留美多年，对美国的幼儿教育有很深的了解，也有很多感触，现在他还进行更深入的实践（创办小橡树幼教培训部）。

以下是王博士认为最重要、最有借鉴意义的几点感触。

第一章
发挥管理的功能,提高孩子综合素质

(1) 以孩子为中心,用孩子的眼光看问题

在美国,幼儿园教师属于一个全国性的联盟。这个联盟对教师的行为规范提出很多要求,其中一条是:如果一位教师不能成为成年人的典范,或者是不能爱护幼儿园的设施,那他就不是合格的教师。在国外,一进幼儿园,就可看到很多东西都是从儿童的角度来考虑的,幼儿园里很多画都比较低,它可能是孩子进幼儿园时最先看到的。幼儿园里的鞋架、玩具架等都适合孩子,所以孩子使用起来比较方便。另外,幼儿园环境的设置、时间的安排,都是以孩子为中心的。

(2) 孩子有自己的主见,留给孩子自主的权力

孩子在幼儿园每天的活动有具体的时间安排。在活动中,孩子愿意进行什么活动(有时包括具体的活动时间),很多都是由孩子自己决定的。每天有具体的时间,小朋友们坐成一圈,老师来唱歌,但是具体唱什么歌,每个小朋友都有权利来选择。如果有两个小朋友点的是同一首歌,那么老师就为孩子唱两遍。在很多活动中,孩子穿红色还是蓝色衣服都是由孩子自己决定,老师不规定,给孩子更多选择的自主权,只要符合活动要求就可以。在长大以后,他对人生的选择,有一定的看法,就不会处处要父母代理了。在国内,有很多父母对孩子升学、考试等很多方面做得非常多,但是,随着社会的变迁,应该把主动权还给孩子。

(3) 幼儿园引导孩子尊重父母,培养孩子的良好习惯

王博士通过在国内与孩子父母的接触了解到,孩子在家里可能不是特别有纪律,生活中可能会有不好的地方,所以父母把孩子送到幼儿园是想让幼儿园培养一下。在国外的幼儿园里,父母最关心的是孩子想要表现什么。国外一岁多孩子的老师认为,孩子在一岁左右时,他的变化是非常大的。比如说,某一天,他突然会叫妈妈或爸爸;某一天他可能突然会走路。如果孩子在家由妈妈亲自带,她看到孩子走出了第一步,说出了第一句话,会特别的兴奋。如果孩子在幼儿园,妈妈可能就没有这个机会。

在国外的幼儿园，当老师发现孩子已经会走路了，她不会告诉父母："你的孩子会走路了！"她会提醒父母："你注意看看，也许你的小孩要走路了，我觉得他可能要走路了。"当父母在家发现孩子真的会走路了，他们是多么的高兴，然后再告诉老师"我的孩子会走路了"。从这件很小的事情上可以看出，国外幼儿园非常体贴父母、尊重父母，让父母充分感觉到自己既是孩子的第一监护人也是最好的老师。

（4）幼儿园不仅仅是老师的事，父母要积极参与

国外幼儿园里有很多父母轮流帮助幼儿园搞清洁卫生，帮助小朋友外出郊游，每个父母提供参与时间，特别忙的父母才能免去他们的义务。幼儿园非常鼓励父母参与。父母通过帮助幼儿园做工作，可以知道幼儿园是怎么运行的，也知道老师的辛苦，知道教学思想是怎么讲的，又是怎么体现的。这样，幼儿园与父母沟通的渠道就多一些。国内比如孩子开父母会、演出、部分活动等一般是父母中来一个，而在国外，一般都邀请父母一起来，因为这在国外都被认为是对孩子非常重要的活动。所以，父母的参与体现了父母在亲子教育、幼儿教育当中特别重要的地位。

在美国，父母参与幼儿园的活动，甚至到了几个父母共同办一个幼儿园的地步。因为他们的幼儿教育非常多样化，有很多种类的幼儿园，有的父母非常喜欢某一种教育理念，他们就想把孩子送到这样的幼儿园。但是，很不巧，比如他们住在加州，他们喜欢的幼儿园在纽约，没有办法，不能把孩子送到这样的幼儿园。然后，他们就和其他有同一理念的父母共同建成一个这样的幼儿园，让他们的孩子享受他们认为理想的幼儿教育。

再比如，幼儿园的硬件和软件。

在美国，特别著名的幼儿园，里面可能有总统的孩子，很多明星、高官的孩子。依我们的想象，这样的幼儿园应该非常宏伟、豪华，也应该是漂亮校舍的集中地。但是真的见过之后，才发现它的校舍是多么破旧，因为它已经有上千年、几百年的历史，有的特别有名的幼儿园只是

第一章
发挥管理的功能，提高孩子综合素质

借用一个教堂办学。他们的资金不是用来盖多么好的房子，是用来帮助孩子进行更多更好的游戏。

08. 经风雨见世面，锻炼孩子承受挫折的能力

有不少父母总是想方设法排除一切干扰，让孩子顺利成长，这是可以理解的。但是，孩子由于缺少甚至没有经历挫折，很难培养起挫折适应能力。如果孩子缺乏这方面的能力，一旦遇到挫折又怎么能输得起呢？

为了不让孩子一遇挫折就败下阵来，我们必须注意培养孩子这方面的能力，以使他们经得起生活中的各种挑战。

首先，父母应该转变自己对挫折的消极认识。长期以来，父母们普遍认为，孩子的年龄小，心理承受力差，因而只能接受良好的环境，误以为"挫折"只能使孩子痛苦、紧张。因此，他们把挫折看成是有害的事情而加以杜绝。父母的这种观念直接影响着孩子。

其实，一个人受点挫折，尤其是早期受一些挫折，是有好处的。孩子遭受挫折的经历有利于培养现代人的良好品德；有利于发展人的非智力因素；有利于丰富知识，提高能力。所以，父母应该正确看待挫折的教育价值，把挫折看成是磨炼意志、提高适应力和竞争力的有利武器。

其次，父母要正确实施挫折教育，其要点如下：

（1）父母要言传身教

生活现实是教育孩子的最好课堂，父母应该有选择地将自己在事业和家庭生活中遇到的挫折和不如意告诉孩子，为孩子正确对待各种挫折和不如意提供参考。父母对生活的热爱、执著、不怕困难的态度和坚强的意志，是孩子面对挫折的最强有力的精神支柱。

（2）父母可以创设挫折情境

过于优越的环境会使孩子形成依赖、懦弱、退缩而自尊心又很强的

畸形心理状态。这样的孩子是缺乏顽强的进取精神，经不起挫折的。因此，父母应该在孩子成长的过程中有意识地创设挫折情境，让孩子获得适应能力。比如，对孩子不包办一切，不有求必应；让孩子参加各种劳动；在生活中减少享受，刻意锻炼吃苦精神；在与小朋友一起玩儿的游戏中让他体验到失败和不如意等。

父母应该让孩子知道"天外有天，人上有人"的道理，经常把孩子放在强手云集的大环境中（如参加各种竞赛等）去锻炼，这样既可克服骄傲心理，催其奋进，又让其在早期体验挫折，增强心理免疫力。创设挫折情境要把握好挫折的质与量，既有利于提高孩子的适应能力，增强其韧性，同时又不能超过孩子的心理承受限度。

（3）切实提高孩子的各种能力

孩子抵抗挫折的能力与知识、经验的增加及各种能力的提高是成正比的，所以，父母应该有意识地为孩子提供这方面的知识，如逆境中成长的事例和经验，提高孩子的自理能力、交往能力、学习能力和应变能力等，为他们独自战胜困难提供足够的勇气和有效的方法。

（4）培养孩子良好的性格

对现实的态度、自制力、坚韧性等是性格的重要内涵。父母应该注意培养孩子面对现实、面对困难的正确态度，遇到困难要正确分析原因，迎着困难上，而不是退缩逃避。父母应该让孩子树立起这样的信心，世上没有什么事情能把人难倒。

孩子遇到困难，父母要鼓励孩子独自去解决。引导孩子一分为二地看问题，做到"胜不骄、败不馁"，遇事不能患得患失，应该达观开朗。父母要帮助孩子用有效而合理的方法去排泄消极情绪，让孩子保持积极快乐的心境，具有不畏困难、坚强、自信、豁达、果敢的性格，这样，孩子将来即使遇到挫折也输得起。

（5）培养孩子的竞争意识

现代社会是一个充满竞争的社会，没有竞争能力的人是很难适应社会生活的，所以自幼培养孩子的竞争能力是不可缺少的。每个人都有一种追求优越的欲望，这种欲望推动着人们努力去补偿自己的不足，因而发奋图强，最后获得成功。这种补偿心理在人的一生中都在发挥作用。

父母只要善于利用这条规律，就能有效地激起孩子的竞争行为，培养孩子的竞争能力。

父母可以经常运用比较的方法，让孩子看到自己与其他小朋友的差距，这就是培养孩子竞争能力的第一步。只有看到了差距，才会产生有补偿差距的愿望，否则，孩子就不知道往哪个方面去努力。找出差距之后，第二步就是引导孩子去努力补偿了。通常可以采用激将法等，这样就比较容易取得效果。

09. 让孩子在克服困难中获得动力

现代社会的竞争是一种在合作前提下的竞争，父母在培养孩子竞争能力的同时，还要培养孩子的合作意识，让孩子懂得没有合作就没有竞争。应该注意的是，通过比较寻找差距是为了激发竞争意识，不是让孩子背上沉重的包袱而失去竞争的动力，或者使孩子嫉妒别人的成功而使心态失去平衡。有位教育家说过，让孩子在克服困难中前进，孩子就会获得多方面的发展，孩子也会更加积极地去奋斗，去努力。

苏联著名乡村教育家苏霍姆林斯基说过，让孩子在克服障碍中学习，这是一种非常有效的好方法。

我们先看这样一个故事：

小亮是一个十分令人喜爱的好孩子，对人很有礼貌，学习成绩很好，他的绘画多次作为对外交流的儿童画出国展览，经常受到老师、父母和邻居的夸奖。因此，父母意识到：在这样的环境中，孩子很容易形成自傲的心理，出现不思进取或不易与人合作的倾向。

为了培养孩子的进取行为，父母经常故意设置一些障碍，增加孩子常受挫的机会。例如，孩子的绘画不错，可是他的钢琴弹得不太好，父母利用假日带孩子到一个同事家去，听同事家的孩子弹钢琴。同时减少对孩子的表扬次数，有时还故意找出一些问题，批评孩子。

一次，母亲叫孩子去楼下的小店买酱油，孩子高高兴兴地买回来了，可是母亲对孩子说："你买的是烧菜的酱油，我要的是拌菜的酱油……"其实母亲的心中有数，是自己事前没向孩子讲清楚。孩子委屈地辩解了几句，又去小店换酱油。看着孩子委屈的神情，母亲的心软了，但是她没有显示出来，她在告诫自己：不能心软，这样对孩子有好处！

这就是我们所说的"巧妙设置障碍"。为了塑造孩子良好行为，父母可谓用心良苦。从表面上看，母亲的行为似乎不合情理，可是为了孩子健康成长，有时就是需要"狠狠心"。

"设置障碍"可以产生正反两方面的效应，如果运用得不好，反而会刺伤孩子，抑制孩子的积极行为。因此，运用"设置障碍"需要注意以下几点：

（1）对象是一帆风顺的孩子

这种方法的运用对象主要是那些"一帆风顺"的孩子，这些孩子因为经常受到赞扬，所以要给他增加一些挫折。对那些受到挫折比较多或者性格过于内向脆弱的孩子，是不宜采用这种方法的。

（2）障碍要适度

采用这种方法必须根据孩子年龄的大小、受挫经验的多少，加以严格的区别。年龄越小的孩子，设置障碍的需要就越小，障碍发生的频率应该越低。受挫折越多的孩子，设置障碍的需要就越小，甚至不能设置障碍。

（3）必须循序渐进

设置的障碍应该具有渐进性。障碍应该逐渐加大，逐渐增多，不应该在开始的时候就给孩子一个下马威，否则可能把孩子的自信心摧垮。

（4）与鼓励相结合

设置障碍应与鼓励和表扬结合起来。当孩子排除了障碍，战胜了挫折的时候，父母要及时给予赞扬，强化孩子的这种积极行为。

（5）不要太在意孩子的情绪

孩子遇到障碍，受到挫折是难免的，有时可能产生一些不良的情绪反应。父母应该有这种思想准备。对一般的不良反应，父母可以不去理会。但是如果孩子情绪反应过度，父母要进行必要的心理上的支持。

（6）注意保密问题

在多数情况下，设置障碍事前不必让孩子知道，但在有些情况下，比如障碍的难度很大，担心孩子经受不住刺激等，可以先与孩子一起商量。问题可能难到什么程度，可能遇到哪些困难等，让孩子做到心中有数，这样就可以增加孩子排除障碍的可能性。在艰难地获得成功之后，孩子就会更加珍惜自己的积极行为所获得的良好结果。

设置障碍法所包括的内容是很多的，不仅有生活方面的问题，也有学习方面的问题，还应该有斗智斗勇方面的问题等。

有位教育家说过，让孩子在克服困难中前进，孩子就会获得多方面的发展，孩子也会更加积极地去奋斗，去努力。

10. 多与孩子讨论问题，增加孩子的求知欲

学会与孩子共同讨论，是对子女的教育中一个重要方面。对孩子提出的问题，如果父母不能满足或不应满足时，不应粗鲁而简单地拒绝！反过来，父母提出的问题，孩子不同意，父母也不应简单地采用命令方式！否则就会削弱孩子的求知欲。

父母在带孩子上街或玩耍的时候，天真的孩子总会提出各式各样大人想不到的问题，这是因为整个外界世界对孩子来说都是陌生的。一切都会引起他们的好奇，也引起他们的求知欲。因此，即使有些问题会使

父母一时为难，父母也应尽量满足。反之，如果一个小小的孩子对一切都漠然，倒是智商不高的表现，绝非好事。

当然，不可能所有的父母都对孩子所提的问题有所研究。但是"不厌其烦地讲解"的做法和态度，却是所有父母可以借鉴的。确实，孩子所提的一些知识问题，也常把我们作父母的难倒，但是不论怎样，不能给孩子的求知欲泼冷水，在自己不能很好解答时，也应向孩子指出可以再向谁求教，或以后阅读哪一类书籍，激起孩子向书本要知识的热情。绝不要认为孩子提了问题，自己作为父母答不出很难堪，于是对孩子发脾气："只有你的问题多！你这么多问题为什么不问老师？你不知道我有我的事吗？"

"学问学问，边学边问"。学问和知识就是人在不断地探索中，在不断地提出问题和解决问题的过程中获得的。大人如此，孩子更是如此。区别只是大人在有的问题没有适当的人可以求教时，可以自己去看书，寻找答案。而孩子由于知识有限，没有这方面的能力，或者这方面能力较差，就更需要父母的帮助。

孩子有问题找父母，这正是孩子对父母信赖的表现。做父母的为了孩子的成长应尽一切努力来解答，孩子还没有查书寻找答案的能力，父母就应自己查书寻找答案。

孩子上学以后，可能有些问题在课堂上没有弄懂，或者对老师在课堂讲授的仍感到不满足，或者在做功课中遇到了困难，父母都应热情而耐心地予以帮助和解答，以满足孩子的求知欲，并激起孩子学习的热情。

反之，如果孩子的问题父母不予解答，而视作累赘，敷衍搪塞。孩子当然也就没有了提问题的兴趣。他何必自找没趣呢？同时，孩子在学习或做功课时遇到了难题，父母不能伸出援救之手，孩子的学习兴趣会下降，甚至完全丧失对学习的信心。所以，现在有些父母，或者由于自己工作过忙，或者由于自己知识的限制，无力帮助子女学习、解答子女

第一章
发挥管理的功能，提高孩子综合素质

学习中的问题，因而为子女延聘家庭教师，以弥补这方面的不足，不是不可取的。

然而，家庭教师只能是家庭教师，可以弥补父母的某些不足，例如精力不足或知识不足。但是，他不能代替父母。因此父母仍应多接近、关心自己的子女。

另外，孩子有时（尤其是稍大一点的孩子）会问起有关家庭亲戚之间的纠纷。有时父母很难回答，也不想回答。这时父母可以坦白地告诉孩子："这个问题不好回答，不能回答。"而不要说："小孩子不应知道这种事情！"以此封闭孩子的询问。因为孩子有了这种不愉快后，为免再次受到伤害，以后心中有疑问也不敢问了。这种事情发生多了，父母子女之间就会产生隔阂。

还有一类问题是父母常感到难以启齿的，那就是有关两性的问题。现在的家庭中，通常都是一家大小围在电视机前消磨闲暇时光，当电视中出现有关性的镜头时，有些还不大懂事的孩子会提出一些问题。孩子出于好奇、不懂会问："妈妈，他们这是干什么？"父母则不好启齿，加上头脑中的一些封建意识，于是会不满地斥责："你这个孩子真是的！"或说："你还只是一个小孩子，怎么问这些事情！"

这样回答是对孩子不好的，因为它并没有说明问题，反而使孩子对性产生一种不正常的好奇心。最正确的方法是不让年纪很小的孩子看这种电视。既然已经看了，孩子已产生了好奇心，可以告诉他将来长大了，你就会懂得了。一句话：不必加以神秘化或丑化。对有些事情，能够说明的，在小孩能了解的范围讲一点就可以了，满足他一时好奇心就是了。

孩子三四岁是最喜欢发问的时候，也是儿童智力发育的重要时期。到了小学低年级，孩子开始接触书本，求知欲和好奇心增加，于是常问父母："为什么？为什么应该变成这个样子？它是怎样变来的？"父母如果因一时答不出而斥责孩子，或因有事而嫌孩子烦就会扑灭和冷却孩子开始萌生的求知欲和日益增长的好奇心。如果这种情形反复出现，就会使孩子逐渐对一切不感兴趣，在学校里对新的功课就不会产生什么强烈的兴趣了。尤其是当功课有一些难度的时候，更是心灰意冷。这个道理也很简单：我问你们，你们还嫌麻烦，我不问就是了。

这当然是极端错误的做法。

旺盛的求知欲是孩子聪明成材的先决条件。所以，父母应重视孩子的发问，并加以鼓励。

孩子的智力有限，理解力有限，因此对于孩子们的询问，不一定要解答得很详尽，但绝不可随便编个理由敷衍，更不可违背科学乱讲。有些问题一时实在无法回答，也应该耐心地讲清楚："你好好用功读书，将来你自己就会了解的。"因势利导地引导孩子的兴趣自然发展，这应该是父母在教育子女中的一项首要任务。

发明蒸汽机的瓦特，由于少年时期看见水壶盖被蒸汽所吹动，于是对蒸汽产生了兴趣，而不断研究，最后发明了蒸汽机。所以孩子好问，可以说是一种好事。

有的问题父母确实答不出来，也不妨坦白地向孩子承认："妈不知道。"或者说："妈也不清楚。将来我问清楚了，再告诉你。"这样做并不是什么丢人的丑事，因为一个人本来就不可能什么都清楚；同时也不应忌讳向孩子说明父母读的书不多，过去没有条件上大学等等。更重要的是，这样做可以从小教育孩子对科学和学习应该采取老实的态度：知之为知之，不知为不知，让孩子从小养成一种求实求是的精神。

春天，父母常爱带孩子到公园去玩儿。看到初春盛开的桃花，母亲会指给孩子看："你看这桃花开得多好看！"这时，有的孩子就会好奇地问："桃花怎么会开呢？"这个问题，母亲还不难回答。她可以说："春天来了，桃花就开了。"然而什么是春天，为什么到了春天花儿就要开，孩子仍然是迷雾一团，于是孩子不免要问："为什么桃花要在春天开呢？"

第一章
发挥管理的功能,提高孩子综合素质

孩子们这类天真的问题很多,有些确实还很难回答。这是由于许多大人们认为是理所当然的事情,孩子们却觉得新鲜稀奇。

"为什么"正是孩子们推想出来的问题,也是他们求知欲的表现。如果这时父母对他们的问题等闲视之,随随便便搪塞,就会抹煞孩子对周围事物的兴趣,扼杀孩子的求知欲。时间久了,孩子的推理思考能力也会逐渐减低。

相反,如果父母对孩子说:"是呀,为什么桃花在春天就会开花呢?这个问题问得好。"然后向孩子耐心地解释并提出一些启发性的问题:"春天的天气是不是暖和些了,冬天干枯的树叶现在没有了,天气一变暖,又长出了新的嫩叶,对吗?所以天气一变暖,花儿也就开了。"如果能够这样与孩子讨论,启发孩子思考,发表自己的看法,那么就会增强和提高孩子的求知欲,同时,也会增加母子之间的亲密关系。

要学会与孩子共同讨论,还有更为重要的一个方面,那就是对孩子提出的要求,我们不能满足或不应满足时,我们不应粗鲁而简单地拒绝:"不行!不准你去!"或者我们父母提出要求,孩子不同意时,我们也不应简单地采用命令方式:"这事妈已经决定了!"

具体地来说,九岁、十岁的孩子都喜欢到动物园去看动物。春天来了,孩子早就盼望着有一个节日,父母能带他们到动物园去玩儿。

比如一个风和日丽的星期天,孩子眼看左邻右舍一家一家地走了,于是嚷着说:"妈,咱们也到动物园去玩儿吧!我要看河马。"母亲由于那天有事,而且身体也不大舒服,便简单地拒绝了。于是孩子哭了一上午,弄得一家人不痛快。

当时如果母亲能够体谅孩子的心情,心平气和地和小宝讲清楚自己的处境,与小宝商量、讨论,他们不难达成一项协议:下星期天到动物园去看河马。或者因为妈身体不太舒服,动物园太远了,到较近的公园去赏一赏花。

随着孩子年岁的增长,他们在喜好和兴趣,甚至交友诸方面看法都会与父母有分歧，这时父母对子女的一些喜爱与兴趣绝不能简单地禁止，而应在充分尊重的前提下与子女讨论，以求得共识或找出正确解决的途径。

有一位母亲这样说：

我自己就曾遇过棘手的问题。孩子上高中后交上了一个不大读书的朋友。俗话说：近朱者赤，近墨者黑。所以我不赞同孩子与那个同学常来往。

有一天，当孩子又要找那个同学去玩儿的时候，我拦住了他："你又要去找他玩呀？我不喜欢你同他有过多的接触。"

孩子不以为然地问道："为什么？他又不是什么坏人。"

确实，这个孩子并不是什么不三不四的坏人，只是不爱读书。我不能以此而禁止儿子与他交往。但我又担心交往的时间久了，孩子会受他的影响而失去上进心。因为学好千日不足，学坏一日有余。

于是我只得以商量的口气问道："你为什么喜欢同他来往呢？他有些什么优点？"

孩子由于没有感到什么压力，所以未多加思索便说："他为人很好啊，我喜欢和他聊天。"

这时，我也就说出了自己的担心："他是个不坏的孩子，但是他有一个严重的缺点，不读书。而青少年时代正是你们应该发愤读书的时候，错过了这个黄金时期，就是你们一生中无法弥补的损失。你如果真心与他交朋友，你就应帮助他努力学习。你如果做不到这一点，你就必须与他保持一定的距离……"

经过这次谈话后，儿子才又把心收了回来，不再有时间就同那个孩子泡在一起胡聊了。

大人学会与孩子共同讨论既可以增加相互的理解，也可以避免家庭中一些无谓的争吵，更重要的是可以教会孩子在社会上怎样做人和与人共事。因为我们在日常生活和工作中，只要与人相处，分歧是不可免的。

第一章
发挥管理的功能，提高孩子综合素质

11. 心灵则手巧：让孩子多动手

"孩子的智慧在手指上。"这是一句至理名言。开发孩子的智力，最简单而高效的方法就是运动双手，特别是幼儿时期，孩子大脑发育很快，双手动作灵活便能促进头部机能的发展，使大脑变得更聪颖。

母亲择菜时，可以让孩子帮助掐芹菜叶、剥豆角筋。穿衣服时教会孩子怎样系扣子。要训练幼儿用筷子吃饭，两根小小的筷子能使孩子手指的动作越来越灵巧，头脑越来越聪明。

平时要多让幼儿做一些动手的游戏，像折纸、剪纸、撕纸张、粘贴、拍皮球、组装玩具等，多为幼儿提供动手的机会。

0~3岁的婴幼儿不可能自己去寻找刺激，那么如何给婴幼儿不断输入新信息、新刺激以促进脑细胞神经突起的生成呢？这就必须依靠外界的帮助，婴幼儿的父母则是关键所在。幼儿在学会独立行走后，眼界就更加开阔了，孩子会表现出极强的学习欲望，好说、好问、好动，模仿能力也特别强，喜欢简单的游戏，甚至不愿接受大人的帮助。父母们千万不要错过这一婴幼儿的学习旺盛期。

根据婴幼儿的生长特点，我们提倡：

（1）让婴幼儿充分、自然地发展。孩子想做什么，就让他去做什么，但要正确引导，不可一味地纵容，让孩子养成不良习惯。幼儿在自发行为中自觉主动地去接收新信息新刺激。由于有些父母不了解这一时期孩子的生长特点，把幼儿"好说、好动"的天性误以为"多动症"，而滥用镇静剂，孰不知这种做法正是父母亲手扼杀了孩子的创造力。

（2）培养孩子的语言能力。语言能力是孩子智力发展的一个主要标志，可以促进孩子的观察力、记忆力、想象力及思维能力的发展。建议父母每天抽出一定的时间与孩子交谈，给孩子讲故事、讲一些简单的自然科学知识，这不但锻炼了孩子的语言能力，还能够让孩子获得丰富的知识，日积月累，孩子的兴趣也会日益广泛起来。

（3）加强用脑，促进脑成熟。孩子的动手能力是对大脑发育最好的刺激。3岁前父母应该教幼儿握笔、写字、做手工、拿筷子等，动手的同时就将新的刺激源源不断地输入大脑。脑的使用愈频繁，脑的成熟度就会愈高，也就是我们平时说的"脑子越用越灵"的道理。

12. 鼓励孩子模仿，奠定创新基础

模仿就是对人或动物、事物的表面现象仿效，照着样子做。这是创造的开始。模仿是孩子的本能，但是怎样发展孩子的模仿能力还是大有文章可做的。不少人不重视孩子的模仿，认为这是缺乏创造力的表现。这种观点是不对的，其起因就是用大人的眼光去看待孩子。

如果希望培养孩子的创造力，你不妨从模仿开始。主要有以下方面：

（1）尽早提供模仿的环境

孩子能够坐的时候，父母就可以每天用童车推着他到户外去活动2~3小时，让孩子接触空气和阳光，接触美丽的大自然。父母也可以在草地上铺一块小毯子，放一些玩具在毯子上，让孩子挪动身体，伸手去抓，这就是模仿的早期准备。

（2）尽量扩大孩子的活动空间

如果孩子不愿意在小围栏里玩儿，父母就应该让他出来。儿童教育专家认为，孩子在小围栏里玩儿的时间一般到半岁左右为宜。如果到了九个月，父母还把孩子圈在小围栏中，对孩子来说这与成人坐"监狱"没有什么区别。

孩子不愿意在小围栏中玩儿，不一定就是又哭又闹，而是他们觉得在小围栏中玩儿烦了，根本不想再在里面玩儿了。如果父母不明白这一点，就会极大地阻碍孩子模仿能力的发展。因此，父母要尽可能提供给

第一章
发挥管理的功能，提高孩子综合素质

孩子一方新的天地，不要因为怕麻烦、图清闲就长时间地把孩子"关在"小围栏中。

俗话说："孩子岁半，翻坛倒罐。"扩大孩子的活动空间，孩子可能会打破一些东西，干一些"坏事"，但是这应该是无所谓的。容易打破的东西要收拾好，衣服脏了洗一洗就可以了，这都是正常的现象，不要在乎这些。

（3）巧妙引导孩子正确模仿

对孩子来说，什么都是值得模仿的。他们对周围的各种事物都很感兴趣，总希望像父母一样能够做各种事。观察资料证明，孩子认为最感刺激也最愿模仿的是学电影电视中的"坏人"。"坏人"叼着烟，跷着腿，打打杀杀，飞檐走壁，披着衣服，戴着墨镜——在孩子的心目中，这实在是太威风了。

面对这种情况，父母就必须进行正确引导了。孩子模仿的对象应该是健康的。比如模仿医生看病：孩子可以用椅子摆成医院，像模像样地给玩具布娃娃看病、开药、打针。这种创造性模仿可以增加孩子的生活知识，让孩子学会生存，从小树立为别人服务的理想等。

（4）父母要注意自己的言行

父母是孩子最主要的模范对象，因此，父母必须注意自己的一言一行，为孩子树立一个良好的模仿榜样。孩子2～3岁的时候，中枢神经系统的机能不断加强，大脑结构日益完善，可以认识更多的东西了，这是模仿的最佳时期。这个时候的孩子最需要有玩伴。父母每天都必须抽出一定时间来陪孩子玩儿，这是十分重要的。

这个阶段的孩子已经不再满足与小动物为伴了，他们常常会摆出"小大人"的样子，经常说"我自己来"、"我要那一个"、"你别动，我会"等。在这种情况下，父母应该逐渐增加模仿的难度，比如进行律动表演，可以提出乐感、调式、节奏、感情色彩等要求，让孩子做十分丰富明快的动作，很多孩子都会模仿得惟妙惟肖。

13. 保持童心，让孩子研究大课题

清朝的一位哲学家指出，成年人保持一定的"童心"是人生能够成功的前提。我们的观察也发现，过早就变得很世故的人往往不能成就大业。所以我们经常告诉许多父母，应该敬畏孩子，因为相对某些成年人而言，也许他们离真理更近些，因为他们至少没有迷信、偏见，只有一颗探索一切的晶莹透明的心！

如果读者仔细观察，肯定会发现一个有趣的现象：孩子们向父母询问的往往是"大"问题，例如：天有没有边？人是从哪里来的？有没有外星人？等等。其中有些问题甚至对今天的自然科学来说还是未解之谜。而我们成人所关心的往往是"小"问题：鸡蛋多少钱一斤？张三什么时候退休？李四"麻艺"怎么样？等等。

但是只对"小"问题感兴趣的成人却拥有"话语霸权"，于是他们中的不少人认为孩子们所关心的那些"大"问题是"瞎胡闹"，经常冷眼对之。有些身为父母的人甚至认为孩子应该像自己那样"世事洞明"、"样样精通"，成为"小大人"才是聪明的孩子。

这是一种荒谬的想法。例如，在我们成人世界，人们经常用"那个人太天真"来对某个人表示鄙视，天真成了一种缺点。然而在孩子的日常生活中，经常都会出现一些天真的言语或行为，例如孩子经常说"我要当科学家"，"我要当总统"等等。

一般来说，孩子特别珍视他们这些天真的梦想，幻想对于孩子是一种珍贵的财富。心理学研究表明，这主要是心理暗示在起作用。当人们受到暗示认为自己将成为一个大人物的时候，就对自己产生了正面的暗示，长此以往就会在自己的心目中固化，形成一种正面的自我意象，最后就对自己的人生产生积极的影响，从而获得成功。

心理学和社会学都得出的结论是：没有一点天真的情感以及幻想的

第一章
发挥管理的功能,提高孩子综合素质

人是不会有太大成就的,对孩子来说更是如此。

有个小学生写了一篇作文,自己还拟了一个标题:苍蝇是从哪里来的?小作者在这篇不足百字的短文中说:他有一次摘下一个花朵,看见里面有许多小小的苍蝇,所以他认为苍蝇是从花里钻出来的。老师对这篇作文大家赞赏,这个小学生受到了鼓励,在后来的学习中勇于探索,成了一个很优秀的学生。

但是大部分"胡思乱想"儿童却不能像这个小作者这样幸运。即使在目前,很多人往往将这种作文视作胡思乱想,因为很多中国的父母是不懂得这种"古怪"想法的宝贵之处的。而在西方国家,这却是受到高度重视的。

事实上,想象力是人类智慧的第一缕曙光,缺少幻想的人生是苍白的!

然而孩子的想象力却常常遭到大人的嘲笑!

这是一件令人感到悲哀的事情:孩子的想象力就是在成人的误解中消失的!

人各有各自的兴趣与喜爱,不能勉强,也不应勉强。千百年来,我国有许多这方面的古训。通俗的如人们常说的"萝卜白菜,各有所爱",就是说有的人喜欢吃萝卜,有的人喜欢吃白菜,彼此不要勉强。文雅一点的古训有:"人各有志。"

对于大人,这一点大家都认识得比较明确。但是对于孩子,有的父母在这一点上的认识容易模糊。他们多不愿承认孩子,尤其是自己的孩子也有自己独特的兴趣与爱好。例如,强迫坐不住的孩子弹琴,以致孩子只得砸断自己的手指来反抗;不顾孩子的抗议,父母像催命一样催促孩子写字画画。

这是学习上的不同兴趣与爱好。一个人的不同兴趣爱好还可以表现在生活上的诸多方面。在休闲娱乐方面,有的人喜欢哼几句戏曲和小调;有的喜欢下棋或玩牌等等。这些都是客观上存在的。你承认也好,不愿承认也好。在今天我们改革开放的多彩多姿的生活里，人的个性和兴趣得到较充分的发展，在服饰等各方面，也有了较大的自由，更是五彩缤纷。这些事情我们有些父母也逐渐开始认识，但是在对待子女上，他们则常常喜欢用一个陈腐的尺度来衡量。但这只是大人的事情，对小孩子不能有或不应有。

随着孩子进入中学，孩子逐渐懂得爱美和讲漂亮，孩子们在衣服的样式、颜色上逐渐开始表现出自己的喜爱，甚至与父母争论。

当今录音带流行，孩子放学回来常偷偷地在自己的房间里放他们从同学处借来的录音带。那些流行歌曲，他们可能听得入迷，认为够味，够刺激。而父母听了，则只觉得刺耳，于是会出来干预："哪儿弄来的这些难听的录音带？这哪是什么唱歌……"如果是小学生，听到父母这样的指责，有的可能不敢反驳，但有的可能就会与父母争吵。而有些软弱的孩子听到父母对自己喜爱的东西评价这么低，甚至会感到泄气或绝望。因为这个时期的孩子还刚学会自己判断，一旦自己的爱好被父母否定了，就会失去信心。

因而，在遇到这种问题时，父母首先就是要承认每个人可以有个人的喜爱和兴趣；其次就是尊重个人的喜爱和兴趣。发型、服装只要不是极为怪异，不是下流低级，就应该允许孩子自己选择。当然，在承认与尊重的前提下，父母还是可以进行适当引导的，培养孩子高尚的趣味和情操。

14. 鼓励孩子发表意见，训练创新意识

父母都有一个希望，就是自己的孩子聪明、听话。可是，事实往往是聪明的并不一定听话，听话的不一定聪明。老师也有这样的经验，尤其是小学、中学，老师喜欢自己的学生听话，少给自己找麻烦，可是他们更清楚，过多地要求听话就会妨碍儿童的智力发展。

第一章
发挥管理的功能,提高孩子综合素质

由于父母和老师都喜欢孩子听话,所以勇于说出自己不同的意见——不同于父母和老师的意见的孩子通常不受欢迎。

聪明的父母不是这样。有一个小学教师告诉我们这样一个有趣的故事,具有启发性。

一次,这位教师去一年级上数学课,她问:"一棵树上站着三只小鸟,一个孩子用弹弓打掉了一只,问树上还有几只?"

几乎所有的学生都举手说:"一只也没有了,树上是零只。"

而一个平常不太爱说话的孩子却举手说:"三减一等于二,树上应该还有两只。"

这个孩子的回答引起了全班同学的哄堂大笑,因为这种脑筋急转弯的题目,不少幼儿园就练习过了。

可是那个孩子却执著地说:"就是两只嘛!"

于是这位教师说:"打掉的虽然是一只,但是弹弓一响,其他的两只就飞走了。"

这样才结束了那场争论。

听了这个故事,我们觉得那位同学很值得称赞,因为他能不为多数人的意见所左右,有自己的主见而不怕被人耻笑,敢于坚持自己的主张。

发现"万有引力"的牛顿,少年时代很少和同龄的孩子一起玩耍,而爱独立摸索研究事物,在学校里他曾被讥嘲为"乡巴佬"。发明"相对论"的爱因斯坦的座右铭之一就是"从他人的意见中独立出来"。

这两个大科学家的发明和创见,正是他们能够独排众议、独立思索的结果。当然,要求所有的孩子都这样做是不容易的,因为很多孩子都很难顶住外界的冷嘲热讽和各种压力。有一定的执著,才可能有一定的创造力。

这个道理可能很多父母都能够理解,可是很多父母还是喜欢自己的孩子在家里言听计从,在外不标新立异。当自己的孩子与别人的意见不合时，父母担心因此让孩子背上"不合群"的骂名，遭受他人讨厌。这实际上是强迫孩子顺从大家的意见，这是不利于孩子创造力的发展的。

法国人的做法值得学习。他们认为，容易受别人意见左右的人没有主见。因此，他们积极鼓励孩子发表不同的意见。我们发现，法国人喜欢孩子相互讨论问题，通过这种方法来磨炼孩子的处事能力。

因此，在孩子反对父母的意见时，我们不应轻易地责备孩子不听话。如果孩子的意见是错误的，也应该耐心地说明、解释，这样才能养成孩子有主见、有创造性的品质。

中国是一个具有几千年封建历史的古国，封建意识在很多父母的头脑中还根深蒂固。其中之一就是喜欢孩子听话，百依百顺，容不得孩子的反对意见，更容不得孩子反驳自己。而现在时代已经变了，再要求孩子们百依百顺是很难做到的，而且也不一定就正确。孩子们有时提出反对或者有不同的意见并不一定就是什么了不起的错误，更不是对大人的不尊重和不敬。我们日常生活中的许多事情本来就既可以这样做，也可以那样做。

并不是只有一种方法才能成功。俗话说："条条道路通罗马"，也就是这个道理。

看下面这个小故事：

一次，一位母亲叫孩子去买米。女儿拿了两个提包准备出门，母亲看见，把女儿叫住了："你怎么不拿小推车去推呢？还拿两个提包！"

女儿说："我拿两个提包，一手提十斤提回来了，何必还推什么车子呢？"

母亲却坚持说："当然是推车子方便得多啦！"

其实，这种争论是没有必要的。可能母亲的说法是对的，可是女儿喜欢用手提，就让她提好了。如果真是吃力的话，那么下次不用大人提醒，她自己也要用推车的。这既是对女儿的尊重，也是让孩子们自己到

第一章
发挥管理的功能,提高孩子综合素质

生活中去积累经验。只有通过自己的实践获得的知识才最牢固。

有这样一个故事:

一个十四五岁的男孩来到青春的路口,似乎有那么一条小路若隐若现,召唤着他前进。

他的母亲拦住他:"孩子,那条路走不得。"

孩子说:"我不信。"

母亲说:"我就是从那条路上走过来的,你怎么还不相信?要知河深浅,要问过来人。"

孩子说:"既然你可以从那条路上走过来,我为什么不能走过来?"

母亲说:"我不希望你走弯路。"

孩子说:"我喜欢,我不怕。"

母亲想了很久,看了孩子很久,然后叹口气说:"好吧。你这孩子太倔强了,那条路很难走,一路多加小心。"

孩子雄心勃勃地上路了。在路上,孩子发现母亲没有骗他,那的确是条弯路。孩子碰了壁,摔了跟头,有时碰得头破血流,但是他不停地走,终于走过来了。可是这一走就是多年。

他坐下来喘息的时候,看见一个女孩,自然也很年轻,正站在当年男孩出发的路口准备出发。

当年的男孩忍不住喊:"那条路走不得!"

女孩不信。

当年的男孩说:"我母亲就是从那条路上走过来的,我也是。我知道那条路不好走!"

女孩说:"既然你们都从那条路上走过来了,我为什么不能?"

他说:"我不想让你走同样的弯路。"

女孩说:"我喜欢!我愿意。这是我的权利。"

当年的男孩看看女孩,又看看自己,然后笑了:

"一路小心。"

几千年流传下来的经验不是没有用,而是很多人不会用,特别是年轻的一代,很多事情都要他们自己去感悟。中国人喜欢给孩子讲大道理,这些道理最有理,但很空泛,不少孩子都不听;西方人喜欢实际,鼓励孩子去体验,虽然不一定正确,但是很多孩子喜欢。感悟是一辈子的事情,让孩子学会感悟,这是一种很好的方法。

同时,一个人只有对生活有自己的看法,才能肯定自己生存的目的,并能为达到目的而努力。当然,在孩子这样做时,也不应排斥向父母请教,不应排斥父母的教导与提醒。

15. 弄坏玩具不可怕,鼓励孩子玩儿出新花样

让儿童在玩玩具时尽量随意玩耍,甚至允许他们拆装玩具或是将玩具搞坏,这都有利于提高儿童的智商。应该鼓励儿童破坏玩具,把其中的部件拼装成为新的东西,而不是强调让他们按照玩具设计的玩法来玩儿。父母也不应当告诫儿童哪些玩具是专门让男孩玩儿的、哪些是女孩玩儿的,孩子应当玩儿各种各样的玩具。

科学研究表明,人类的智商有一半是由遗传所决定,而另一半由后天生活环境所决定。父母可以帮助儿童拥有不同的成长经历,来开发儿童的智力。在过去 20~30 年中,世界儿童的平均智商呈提高趋势。

做游戏是儿童的需要,爱玩儿是儿童,也是中小学生的天性。游戏也符合孩子心理活动发展的特点。它是儿童的基本实践和独特的学习形式。如果一个孩子连玩耍和做游戏的需要都没有,那个孩子不是身体发育不健全,就是心理不健康。

所以,在每个院落里,我们总是经常可以看到孩子们做游戏,听到他们的欢声笑语。当然,有时也会听到一些哭声。

捉迷藏,牵羊买羊,这些都是孩子们最喜欢玩儿的游戏。它简单,不需什么设备,又热闹有趣。不分男女,人多人少都可玩儿。除了这些

第一章
发挥管理的功能,提高孩子综合素质

共同的游戏外,男孩子还喜欢打弹珠,玩儿打仗,"打圆牌";女孩喜爱跳橡皮筋,丢米袋或沙袋等。

在做这些游戏的时候都有一定的规则,要求参加这些游戏的孩子们必须自愿地遵守规则。如此一来,做这些游戏可以养成孩子守规矩、尊重法律的意识和习惯。因为如果哪个孩子不遵守规则,要赖皮,玩伴们便会群起而攻之:"你赖皮!你赖皮!"如果他坚持不改,玩伴们就会不理睬他,不同他玩耍。小朋友们对他的疏远比父母的说教要有效得多。

另一方面,做游戏是一种集体活动。通过游戏,在玩耍的过程中也可以培养孩子的集体观念和合群性。这些对孩子将来的独立生活都是非常重要的。因为人需要群体生活,需要有别人的陪同,需要有别人的情感支持。社会心理学研究表明,无论成功还是幸福,都离不开人际关系的支持。

所以父母绝不可以一味地把孩子关在屋子里,禁止他们与邻居的孩子玩耍。即使像打圆牌这种游戏,它要赌输赢,容易引起争吵;玩枪,玩打仗有时也容易打架,但也不应禁止。因为从赌胜负中孩子们可以培养拼搏的精神和竞争的能力。

与此同时,孩子可从游戏中得到满足和发展,进而丰富孩子的知识,发展孩子对事物的观察力、注意力和思考力,锻炼孩子的意志。孩子们在游戏中不仅可以认识现实,认识世界,甚至从而产生某种改善世界的强烈愿望。所以父母不要压制孩子爱玩儿的天性,不要轻易责怪孩子贪玩儿。反之,应加以正确指导,使游戏成为孩子更有目的性的模仿和学习活动,并从中学到更多的生活知识。

另外,孩子们除了做室外游戏外,还需要室内游戏,于是就产生了玩具。现在孩子们的玩具更是越来越多,而且制作得十分精巧,有的栩栩如生,有的可以行走,甚至作各种表演。在孩子玩玩具时,有些父母也喜欢在旁指指点点。这在孩子年龄很小,不能独自玩耍时,是有必要的。母子共玩儿，也可增强母子感情和家庭乐趣。但是如果孩子稍微大一点，如幼儿园大班学生、小学学生，能够独自玩耍的时候，父母则最好放手，让孩子自己自由自在地玩儿，让孩子自己变着花样去玩儿。这样会更有助于开发孩子的智力和想象力。如果孩子玩儿得尽兴，而且创造出一些新的玩儿法，父母还可以在旁鼓励一两句。

买玩具就是给孩子玩儿的，所以只要孩子玩儿得尽兴，就达到了目的。因此，父母也不必过多干预。

有的孩子在玩玩具时极不老实，玩儿几次就玩儿腻了，喜欢敲敲打打，有的甚至拿了螺丝刀把玩具分解得支离破碎。父母看了不免痛心，忍不住要骂几句："再这样弄坏，就不再给你买玩具了"，或者"这么贵的玩具一点也不晓得爱惜，只晓得破坏"。确实，有时一件很贵的玩具，才玩了三五天，孩子就把它弄烂了，着实令人心痛，所以适度喝令孩子不要随便拆毁和搞坏玩具，教育孩子爱惜玩具、爱惜东西，是应该而且必要的。

不过，我们也不妨冷静地想一想。孩子之所以拆烂玩具，这里面也有孩子的好奇心和求知欲：想看看它们是怎样能够自己行走和唱歌的，绝不是有意破坏。所以当孩子在好奇心的驱使下拆开玩具时，父母最好能因势利导，教育孩子根据玩具的结构，一个零件一个零件地拆，不要损坏零件，然后在孩子尽兴以后，鼓励孩子自己动手再把它重新组合起来，或者试着动手把它修好！如果孩子还小，还远没有这种能力，也可以鼓励孩子动手去试。

当然，除了一些极简单的机械玩具以外，孩子们由于知识的限制，是无法重新组合的。但是动了手，对孩子就是一个很好的教育。重新组合好一个玩具，让孩子学习了知识，也学会了劳动。组合不起来，孩子懂得了制造玩具不易，也就不会再轻易地拆烂东西了。对一些好奇心强、求知欲强的孩子，父母还可趁热打铁，激励孩子努力学习，探求玩具中的奥秘。

第一章
发挥管理的功能,提高孩子综合素质

16. 增加孩子应付危险的能力

父母爱孩子总是无微不至:看见孩子拿了小刀削铅笔,就怕孩子削了手指,于是马上抢过来,替孩子削。孩子拿针缝一下脱落了的扣子,母亲也会怕女儿刺了手指,而抢过来代劳。这种行为实际上是害了孩子。一方面,削铅笔、钉扣子不一定会削破手或刺破手,这是夸大了事物的危险性。另一方面,更重要的是剥夺了孩子自己体验危险,并蕴育出避免危险的智慧的可能性和机会,而且使孩子失去了学习劳动的机会。

从某种意义上来说,危险是到处存在的。人要生存下去,就要学会避免或战胜它。人类的历史也就是同无数的冒险斗争并战胜危险的历史。

因此,正确的方法是帮助和教育孩子正视危险,避免危险,从而克服危险。譬如父母认为用刀子削铅笔会有削了手指的危险,就可以向孩子说明这种危险,并提醒他使用刀子时应当怎样用力。

孩子小时候喜欢爬树,而且爬得很高。邻居们从窗子里看到十分惊讶,并好意地告诉他的父母爬树的危险。确实,孩子爬树时,如果从树上掉下来,是很危险的,所以希望父母禁止。然而,父母又怎么能禁止得了呢?因为他爬树是在外面爬,父母根本不知道,而且父母又不是时时在他身边,何必禁止呢?

最容易又最有效的方法是:提醒孩子爬树是一种很危险的游戏,要防止树枝突然断落,不然会有跌落的危险。听了父母的提醒,孩子并没有放在心上,放学后,照样爬树玩儿。他认为爬上树顶,远眺校园和自家的屋子是一种乐趣。可是他也从来没有掉下来过。

这是为什么呢?

其实道理也很简单。这是因为孩子在爬树时,他首先就要判断自己有没有能力爬;其次他在决心爬时,会考虑牢固的踏脚点,衡量树枝能否支撑自己的身体。经过这些分析他才会开始行动，因而一般也就很少摔下来了。只是这些都应该由孩子自己来判断和选择，大人最好不要在旁指手划脚，更不要盲目地鼓励或叫好，那样会增加孩子的心理负担和压力，反而容易出事。

因而，在遇到孩子爬树或从事某些有危险性的活动时，大人可以提醒，指出其危险性，但不要强迫性地禁止。关键是让孩子学会克服困难的本领。对活泼、独立性强的孩子，禁止孩子从事有一定危险性的活动是很困难的。

比如孩子游泳也是一样。

一位母亲讲了这样一个故事：

我们的孩子十一二岁就偷偷地和同学游泳了，等我们父母知道，他已经学会了游泳。在我们那里，在河里游泳是相当危险的，在那个城市，每年都要淹死一两个学生。但说来也怪，淹死的都不是不会游泳的人，而是会游泳的人。就是因为不会游泳的人，他的警惕性较高，不致淹死；而会游泳的人粗心大意的，反而有淹死的可能。

不让孩子学习游泳，看来不是一件很恰当的事情，更不能相信"水中淹死会水人"的说法。我们不能因噎废食。那些会游泳的之所以被淹死，不是因为他们会游泳，而是他们到人们认为容易出问题的地方去游泳。知道什么地方有危险，怎样规避危险，怎样消除危险，这是一个问题的不同层面，不能混为一谈。不去游泳自然不会被淹死，可是就缺乏一种征服水的能力，就少了一种生存的本领。

还有这样一个故事：

村口有一条大河，河里的水给孩子带来了欢乐。但是河水有时也把悲伤带给父母：难免有孩子被大河吞噬生命。

邻近村口有一家人，姓张，天遂人愿，有了个儿子。五六岁时，有一次，父母发现孩子跟着大孩子到河里戏水，心都揪紧了。就这么一个

第一章
发挥管理的功能,提高孩子综合素质

宝贝疙瘩,万一被河水淹死了,此恨何时了?于是父母第一次下狠心打了孩子,接着是关着,看着,盯着,甚至威胁他不给饭吃,总之,就是不让孩子踏近河边一步。

儿子听着别的孩子们呼朋引伴朝水边走去,有时也禁不住移动了脚步,然而,父母严厉的目光总是把他眼中的渴望浇灭。

儿子10岁那年,滔天的洪水漫过了村子,别的孩子都一个个浪里白条般地在大人的帮助下逃生。他们的儿子却在呛了几口浊水之后,加上惊悸,死了。

父母爱孩子,应该为孩子做长远的打算:出生在河边的孩子,父母如果真的爱孩子,就该让孩子学会游水的本领,让他们经风雨见世面。

因此,面对危险的事情,父母只要能够热情地加以指导和提醒,是不会有什么生命危险的。而且,一般在河中呛了一两口水,或从不高的树枝上摔下来,有了这些失败的经验,孩子反而能学会判断什么地方可以游,什么地方不可以去,什么树枝容易折断。这样,在任何情况下孩子都可以作出灵敏的反应,从容面对这一切,对未来的生活充满信心。

当然,并不是大多数的孩子都会喜欢爬树或游泳,有的可能喜欢从事别的激烈运动,但父母态度基本上可以是相同的,那就是不要过多地约束或夸大危险。应尽量使孩子得到认识世界、认识生活的机会。

通常孩子到了十一二岁就想替父母和家里做些事,替母亲到市场买点东西,到医院挂号,到邮局发信、买邮票等等。起初,孩子可能会买不好,或做不好,有的父母又怕孩子一个人上街危险。这些顾虑都是正常的,也是可以理解的。但是父母不应因此而把孩子关在屋子里,拴在自己的身边。相反,应该信任他们,让他们去做;同时提醒他们可能出现的问题。这样使孩子有自信心,能一心去做好自己要做的事情。孩子做事情,既使一两次出了差错,做得不好,大人也不要斤斤计较或过于责备,而应帮助孩子总结失败的教训,告诫孩子以后不再重蹈覆辙就行了。这样做既可锻炼孩子克服困难的能力,又能增进父母和子女之间的感情。

支撑天才的基石：
管出孩子的成功习惯

著名成功学大师威廉·詹姆士说："播下一个行动，收获一种习惯；播下一种习惯，收获一种性格；播下一种性格，收获一种命运。"研究发现，如果一个孩子具有自觉、自立的习惯，有积极参与的意识，那么这个孩子的成功就是必然的。这些习惯的形成，关键在于父母的循循善诱、巧妙管理。

17. 父母会放权，孩子能自觉

父母培养孩子的自觉性，要从小事到大事，要循序渐进。先要教育孩子对自己的事情负责，引导孩子从小自理自立。凡是孩子力所能及的事就要鼓励孩子自己去做。孩子只有能对自己负责，才能开始对家庭、对他人、对集体负责。培养孩子的自觉性，应同培养兴趣结合起来，还要注意与孩子的能力发展相适应，逐步加强。培养孩子自觉性是父母在对孩子进行素质教育时，必须高度重视的问题。现在城市里成长起来的孩子看起来什么都不缺，可是往往缺乏一样对人生来说最重要的东西——理想。人没有理想往往觉得百无聊赖，其聪明机智就会成了毫无价值的东西，于是最常见的表现就是做什么事情都没有自觉性，甚至吃饭穿衣、上学都需要父母"拨一下，动一下"。

我们在做调查研究的时候经常发现父母抱怨自己的孩子缺乏自觉性。

下面是一位父母和专家的对话，希望对读者有所启迪：

父母：为什么不自觉的孩子屁股总是尖的？他在桌子前坐不了几

第一章
发挥管理的功能,提高孩子综合素质

分钟!

专家:自觉性或许跟生理特点有关。你应该注意到,有些人跑完三千米可以大气不喘,有些人爬到三层楼上就已经要死要活了。

父母:不自觉的孩子对你有很多怨言,但他不说!你注意到了吗?

专家:你希望孩子理解你的心情,那你首先应该去理解孩子的想法。

父母:小学三年级之前的孩子很难自觉吗?

专家:小学的三至五年级是自觉性提高较快的时候,这段时间,父母应该格外地注意自己的做法。

父母:为什么女孩子通常总是显得比男孩子更自觉一些?

专家:女孩子心理成熟确实要比男孩子早。如果孩子学习的行为还算正常,我们就没有理由过分着急。

父母:有干什么事都非常自觉的孩子吗?或者说,你见过一点都不自觉的孩子吗?又或者说,你见过玩儿得很不情愿、很不自觉的孩子(甚至大人)吗?

专家:自觉不自觉,总跟孩子学习的内容有一定的关系,不能给孩子轻易扣上"不自觉"的帽子。

从上述对答中,你也许能发现一些应当怎样看待孩子"自觉性"的问题。因为一个孩子如果有了很好的自觉性,其前途就很光明了。

孩子的自觉性主要表现在生活和学习的各个方面:按时完成作业,自觉复习功课,自己准备学习用具,收拾屋子,自己洗衣服甚至做饭等等。但是,很多孩子都做不到这些,他们整天玩儿也玩儿不够,既不愿意学习,也不喜欢干活,让不少父母很头疼。

任何自觉性都不是天生就有的,是需要后天逐步培养的。

(1)用兴趣去培养自觉性

要培养良好的自觉性,首先就要培养良好的兴趣和动机。

看看这些父母是怎样管教孩子的:

有些父母过早地让孩子认字、计算、背诗、阅读，过分地强迫孩子学习知识，占用了孩子的娱乐时间，因此孩子对学习产生厌烦情绪，总是想玩儿，学习的时候常常是"身在曹营心在汉"。

有些父母把孩子管得死死的，除了读书就是练琴，没有其他娱乐活动，孩子的生活很枯燥很乏味，因此对一切都不感兴趣，更不知道学习是为了什么，为什么要学习。

当今许多创世界纪录的运动员，他们成绩的取得是与他们的辛勤苦练和汗水分不开的。他们在教练的指导下，有一年两年的长远计划，也有半年或3个月的短期安排，而且还有每天的运动指标。一年365天，再苦再累都要天天完成训练计划。

世上五分钟热度容易，有始有终难。因为人们都有一种惰性，遇到困难就喜欢打退堂鼓，而且还常自我宽恕："明天再做也不迟！"

成年人如此，孩子更是如此。因而在教育孩子时，父母从小就应注重这方面的教育，保持一贯的作风。一件事情决定了，开始做了就一定要有始有终，绝不允许半途而废。孩子如无故中途退却，做一半就撒手不管了，就应受到批评，父母绝不可迁就。因为有了第一次迁就，就会有第二、第三次的迁就；有了第一次的原谅与宽容，就会有第二、第三次的原谅与宽容。

因此，当父母在孩子的纠缠或要求下勉为其难地答应："只允许这一次，下不为例。"或者："好吧！好吧！下次可不准了。"这实际上就是对孩子五分钟热度的坏习惯让步，就会造成孩子的任性。因为人多是怕困难，贪图安逸的，大人尚且如是，孩子更是如此。

样样事情开个头，往往图一个新鲜；一旦失去了新鲜感，而遇到了困难，需要耐心和顽强时，就退却。在孩子们想撤退的时候，如果父母又在孩子的要求下迁就让步，那事情就糟了。

父母不敢严格要求子女，而是听任孩子，这个闸门一开，洪水就泄出来了。今天可以让步，孩子明天在新的事件上又可以要求你作新的让步。这时，父母即使想坚持，再严格一点也更加困难了。因为先例一开，再想要孩子遵守规定或制度，或者要求孩子、教育孩子要坚持，克服困难，把一件事情做得有始有终，把功课做完，就困难了。或者要孩子关掉电视，回房去做功课，都会行不通。

通常，父母给孩子制定规定和制度，孩子却很少能遵守和实行。原因如前面所说，孩子总是想贪图自由，希望无人管束，想干什么就干什么。而作为父母，由于对子女的疼爱，经不住孩子的纠缠，而放松尺度，不敢严格要求。计划和生活学习制度对孩子确实是一种约束，但对孩子的健康成长却是必不可少的。

有的父母在带孩子到公园里玩耍时，看见孩子闯到花圃里摘花也不喊住；或去喊了一声孩子不听，就听任孩子摘花。这让孩子养成一种不讲社会公德或不遵守公共规则的恶习，以致有的孩子长大后成了犯人。

所以为了把孩子培养成对社会有益的人，父母都应该从小就严格要求他们守规矩，遵守学校或家里规定的生活和学习制度。当然这在开始时会有些困难，看似不近人情，但只要父母坚持、循循善诱，孩子一旦养成习惯就能自觉遵守了。而且一旦戒除了孩子的任性，他们在学习和工作上也就都会坚忍顽强。

（2）通过学习增加自觉性

要培养孩子的自觉性，除了兴趣之外，还要培养孩子的学习能力。当今中国，孩子成了父母的宝贝。父母对孩子的关注、照顾和保护，可以说是无以复加了，孩子根本没有机会自己去处理自己的事。有不少孩子已经十多岁了，却从来没有洗过衣服，更没有做过饭，对学习以外的东西一窍不通。

父母应该知道，孩子的运动能力、动手能力、协调能力等都对学习有很大的帮助。道理很简单，如果孩子很懒，学习就必然会遇到很多问题，遇到了问题而不愿去努力，其结果只会使他们对学习失去兴趣，当然更不可能自觉去学习了。

有的孩子知道学习的重要性，也有一定的学习能力，但是就是缺乏足够的自觉性，没有自制能力，不能很好地约束自己。

造成这种状况的原因很多：

①孩子的感觉系统失调，身体的各个部位不能听从大脑的指挥协调，这需要父母进行专门的有效训练。

②父母对孩子管得太多太严，孩子时时刻刻都生活在"他制"的环境之中，自然而然就难以形成自觉性了。对这种情况，父母要给孩子留下自我管理的机会，自己的事情自己做，比如写作业可以用闹钟自我监督。对这种孩子要多鼓励，少批评。

③父母对孩子的管理不要过分绝对化。例如：开始的时候，父母积极鼓励孩子学习电脑，但是孩子已经喜欢上玩电脑以后，父母却突然意识到学习电脑会影响学习，于是就严禁孩子摸电脑。"白道"不行，孩子就走"黑道"，想方设法地偷偷玩儿了。因此，与其让孩子偷偷玩儿，还不如要求孩子自己合理安排好学习的时间和玩儿的时间，时间久了，孩子自然就会逐渐形成自觉性了。

父母们更加关心的是应该怎样做。没有什么做法能适用于所有的家庭，所有的孩子。因此，根据父母们的经验，我们只能提出一些零碎的建议。

①帮助孩子了解自己的学习状况

学习上不够自觉的孩子通常很"迷糊"，就是对自己的学习状况并不十分了解，或者懒得去正视它。有一位语文数学都难得及格的女孩子，不到万不得已，决不肯做作业。别人问她成绩怎样，她总是说："马马虎虎。"是虚荣吗？不是，是"迷糊"。了解自己学习状况的孩子会觉得有很多事要做，不了解的孩子整天显得"啥事都没有"。

有位父母的做法值得推荐：每天孩子做完作业，他都要跟孩子一起，把当天孩子学习中好的地方和不好的地方（如写错的字、做错的题）用本子记录下来，做成一个孩子学习进展情况的"家庭档案"，孩子做作业之前、考试之前，都会去翻翻档案，翻了档案，孩子就知道自己该做什么了。

②适当地陪伴

这一点建议在教育理论的教科书上找不到多少理论依据，但我们周围成功的父母们却经常地谈到这一点。在孩子学习的早期，在孩子年龄较小的时候，适当陪伴看来还是需要的，孩子学习的坚持性和注意的集中程度总是有限的，成人的陪伴无疑是对他们的一种支持。但陪伴的时候，你只需要关心他学习的过程，对学习的具体情况，你不必太介意。否则，在孩子的眼里，你简直就是地道的老师。如果孩子觉得你是检查员、监督员，那你的陪伴可能就会是一件有害无益的事情。

③给孩子自觉的机会

对这一点建议不要感到奇怪。父母们确实常常会剥夺孩子们自己做事情的机会。一旦我们觉得自己的孩子不够自觉，情况往往会更糟——我们更加会迫不及待地替孩子安排好一天当中的学习生活："你应该先做什么，做完后再做什么！"孩子哪还有机会自己安排自己的事情？时间长了，孩子们也就懒得自己动脑筋安排自己的学习了——反正父母会操心的！你让孩子怎么自觉得了？可见，最好的办法就是，让孩子自己先说说什么时候开始做作业，什么时候开始看书，用多长时间。父母的工作就是督促孩子按自己制定的计划去学习，该做什么，就做什么。

④说到做到，一次也不妥协

既然做什么事是由孩子自己安排好的，他就没有理由不照着做。在这一点上，做父母的是丝毫也不能跟他妥协的。养成了该做什么就做什么的习惯，你还要担心孩子学习会不自觉吗？一开始的时候，孩子会觉得是在为父母学习，这是很自然的事情，但不要答应他学习之前提出的条件。

有个女孩对父母说："暑假带我到北京玩一趟，否则，下学期我就不好好学了！"父母没辙，只好答应下来。

错！学习是孩子自己的事情，不能提出任何条件来要挟父母。当然，为了保证孩子真正能按照自己说的去做，一开始，你不妨注意一下，不要让孩子给自己制定要求偏高的计划。

18. 积极支持孩子自立

孩子渴望自立，这是好事。对于聪明的父母，明智的做法应是：子女越自立，对父母的依赖性越少，这是高兴的事，就该鼓励。关键是在紧要的地方替孩子把握好大方向，而不能放任自流。

父母应该尽量满足和培养孩子的自立意识，而不可处处挡在他们前面，替他们出主意、作主张。如果这样，子女只能听话、服从，而不能独立自主地做他们想做的事了。这样只会造成子女对父母严重的依赖心理，既不利于子女的健康成长，也会使子女日益对父母不满。

儿童心理学研究发现：让孩子长期处于过分呵护的情况下，其独立性日渐丧失，智力的发展会日渐迟缓。因此溺爱孩子可以说是帮倒忙。有讽刺意味的是，有些父母忙于生计，对孩子没有办法照顾太多，反而让孩子变成了自立自强的人。这真是"歪打正着"！当然，我们不主张这种"偶然成功"，而主张有意识地让孩子成为一个自立自强的人。

子女面临生活、学习上的重大问题，来询求父母意见时，你就得鼓励他们：

"你自己是怎样考虑的？"

"首先你应该拿出主张。"

"你自己选择吧！"

"你所做的事，我相信会令我满意的！"

不过，这并不表示父母就可以放任不管。因为在子女生活中，遇到有关子女成长和幸福的关键问题，父母就应有明确的意见和主张，但不是强加于他们，替他们决定，而是在鼓励子女自主自立的前提下，让他们自觉接受父母的意见。

只有在足够放松的心态下，孩子才能勇敢、愉快地探索世界。上幼儿园、外出旅游的时候可以给孩子穿易洗或耐脏的外套。让孩子穿上爸爸的旧衬衣改成的工作服（爸爸衬衣去领、袖剪短）玩泥、玩水，不怕脏，孩子还特自豪。

一般来说，能够主宰自己命运的人就是快乐的。但是在现实生活中，一些父母不征求孩子的意见就武断地替孩子拿主意，这样一来，孩子就容易产生一种自己"无能为力"的感觉。任人摆布，心中就不会高兴。应该明白，在重大事情上，父母是应该为孩子策划和作主的，但是有些小事情不妨就让孩子自己决定吧。

生活是最好的教育，自己的事情自己做，自己做的事情自己要负责。

在很多情况下，自立、自主的品质对于在过分优越的环境中成长的孩子来说是一个难题。

首先，父母们要做到的是，有意识地改变观念，减少对孩子们的溺爱与迁就，从小培养孩子的独立生活能力，给孩子更多自我锻炼、自我服务的机会，减少孩子对父母的依恋和依附，提高孩子对社会生活的适应能力，这将有助于孩子独立性的发展。

其次，树立正确的教养观。在教育问题上采取民主的态度，注重给孩子自主权，经常倾听孩子的观点，让孩子在家庭决策中起一定作用，并对自己的行为和选择负一定的责任，允许孩子取得主动并且负起与年龄相适的责任。

因此我们主张，不要替孩子做任何孩子可以自己做的事情，如果我们过多地做了，就剥夺了他们发展自己能力的机会，也就剥夺了他们自立自强的机会。长远地说，就是剥夺了他们成为幸福的强者的机会。因为这是一个充满竞争的时代，成功只属于强者。

这就是生活的辩证法，不能不引起望子成龙心切的父母们三思！

希望取得这样的效果，就要有意识地让孩子直面"挫折"。

训练孩子的独立能力不是一朝一夕的事情，要慢慢来，不要着急。父母不断地称赞自己与孩子之间的和谐行为，时间久了，孩子就会比较主动起来！让孩子学会从不同的角度考虑问题，用不同的方法解决问题，与不同的人打交道。让孩子学会适应不同的环境，使他们从小就懂得要克服困难，并知道达到目的的途径是很多的，要善于灵活应变。

在现实生活中，许多父母都愿意帮助孩子取得成功，害怕孩子失败，一看到孩子遇到挫折和困难就沉不住气，急于伸手帮忙；有些父母甚至常常不知所措地跟在孩子身后，遇事总是包办代替，不让孩子独立活动，不给孩子尝试挫折、克服困难的机会。

这就使得孩子养成了严重的依赖性，遇到挫折和困难就退缩，不会自主地解决问题。父母过分担心孩子的安全，更容易出现这种情况。儿童心理学研究发现：让孩子长期处于安全环境下，孩子的独立性丧失，智力的发展会日渐迟缓。

例如，当孩子初学走路时，对周围环境中所有的东西都充满极大的兴趣，经常不知深浅地去接触种种可能对他造成伤害的东西，如火炉、暖壶、刀具等等。父母怕孩子受伤，根本不让孩子接触这类东西，结果孩子长到了五六岁也不知道如何回避这些东西，动辄便被火炉或开水烫伤了，或被刀割伤了。

应当在他最初探索周围环境时，在保证安全前提下，让孩子对各种东西的属性和功能有一定的了解，如了解火或开水会把人烧痛或烫伤；刀很锋利，易把人割伤。有了一定经验，孩子就会自觉地回避那些可能造成伤害的东西，而不必让父母担惊受怕，过分保护了。

同时，当然应该注意给孩子创造一个安全的环境。让孩子经常处在一个不安全的环境中，这是很不好的。

有些父母在孩子自己动手做事时，总是提醒道："别这样，别那样，不许做错了。"以为这般叮嘱就能使孩子避免挫折或失败。结果往往恰恰相反，这样做不但不能鼓励孩子，反而给孩子增加了心理压力。有时孩子听到可能失败的暗示性话语，心情一紧张，就更易失败；而且因为过于担心挫折和失败，孩子会产生如果不做事情就不会失败的心态，这样反而失去了尝试做事情的兴趣。长此以往，孩子对一切事情都缺乏勇气去做。

这种对挫折或失败的恐惧，对孩子的成长极为有害。有些孩子好奇心极强，喜欢探索或尝试成人所做的事情，但因其能力所不及，时常会失败。有些父母发现后就会斥责孩子："我没说错吧，你就是不听！""你厉害，你有本事，怎么弄坏了！"这就打击了孩子强烈的求知欲和探究心理。遇到这种情况，父母必须因势利导，在鼓励孩子的基础上，让其学会去做更困难更复杂的事情。这样，既满足孩子的好奇心，又培养了他们百折不挠的精神。

著名教育家陶行知说："不要担心挫折，应该担心的是，怕挫折而不敢让孩子做任何事情。"

这话对今天的父母仍有重要的指导作用。

19. 大力培养孩子的参与意识

孩子有了很强的参与意识，很多事情做起来都会很容易了。所以，父母要注意训练孩子的参与意识。两三岁的孩子自我意识开始萌发，常常会主动要求自己做一些事情，可是父母却认为孩子太小，常常不支持这种行为，因此与孩子产生了矛盾。

心理学研究表明，两三岁的孩子存在"我自己来"的心理要求，但是往往又什么都干不好。有的父母图简单，对孩子的这种主动性和表现欲采取不理睬的态度，仍然像原先那样包办一切，这是会阻碍孩子心理健康发展的。

正确的做法是，孩子要求"自己来"的时候，父母就要因势利导，教一些孩子自我服务的技能。其实，这种教育是很简单的，只要父母端正态度就可以了。一般来说，从身边的事情教起：比如穿衣服、脱衣服、吃饭、洗手、收拾玩具等。教这样的孩子不要急于求成，每件事都可以分解成若干小步，每次做到一两个小步，逐渐达到熟练的程度就可以了。

可以专门为孩子准备一些小工具，如小喷壶、小围裙、小拖把等。这样既教会了孩子技能，还化解了孩子的"3岁危机"，父母还可以添个小帮手。

孩子有参与意识是好事而绝对不是坏事。很多孩子，特别是小孩子，常常看见大人们做什么，就吵着要做什么。男孩子看见哥哥或父亲骑自行车，就会哭着要骑自行车。虽然他的脚还踢不着踏板，却总是跃跃欲试。女孩子看见母亲洗衣，有时也哭着要洗衣。这既是孩子的参与意识的表现，也是孩子开始出现独立意识的表现，他们希望像大人一样有事情做。

因此，如果孩子提出这样的要求，父母不要随便对他们泼冷水："你人才比车子高一点，就想骑车子，别把车子摔坏了"；"人小小的，就想洗衣，不要把衣服洗脏了！"等等。

这样的冷水很容易伤害孩子的自尊心，对他们的健康成长不利。孩子可能确实是太小了，还不可能做这样的事情，可是能不能做这样的事情与希不希望做这样的事情相比较，前者是微不足道的，而后者才是最重要的。孩子有了参与意识，有自己尝试的意愿，父母就应该尽力从旁协助，给予孩子自由发挥的机会，这对孩子的成长很重要。孩子如果成功了，父母要加以鼓励，增加他们参与的积极性。如果没有做好，不应责备，更不应该从此以后不让孩子做这样的事情，因为任何事情都有一个学习和熟悉的过程。

因此，对孩子给予协助和适当的鼓励是最可取的方法，这样，孩子

第一章
发挥管理的功能，提高孩子综合素质

的上进心才会愈来愈强，进一步向自己的能力挑战。

有一位著名的企业家说过："千万不要害怕失败，害怕失败就会畏缩不前！"一个人一旦有了畏缩心理，就什么事也不敢做了。这句话同样也适用于父母对孩子的教育。

如果孩子想做什么新的尝试，父母一听就先说："你做得好吗？莫做错了，把东西搞坏了！"这样孩子就会犹豫畏缩起来，没有了信心！而信心常是一个人做成事的后盾。反之，畏缩、害怕失败，心理上首先就失败了，便更容易把事情做坏。

有个围棋家说过："不尝试是无法知其成败的。"这位围棋家以此话勉励自己的弟子，所以他的弟子们都敢积极地进行挑战，而且多数成为棋坛名人。

读书也是这样，只有敢于提问题，又敢于回答问题，才能把东西学好。一个在英语课堂上都不敢开口、怕讲错的人，是绝对学不了英语口语的。

因此，当孩子们要求做某种尝试时，即使我们知道会有许多困难，或者不会成功，但还是应该给孩子们一个尝试的机会，让他们去考验自己的才能。有时孩子可能会想出父母想不到的办法，产生超乎平常的构思。如果事先就肯定会失败，而不许孩子尝试，那么孩子内心潜伏着的无限可能性就得不到发挥。这种害怕失败的心理状态会使孩子不敢轻易尝试新的事物，使孩子保持缄默和消极、被动。

而事实上，任何人的成功通常都是经历了无数次的探索与失败的。任何人在做什么事情的时候，都有一个学习与实践的过程，而且开始通常也都是做不好的。通过不断地实践，才由做不好达到做得好。就以洗衣服这样一件简单的事而论，一个人初次洗衣服时肯定洗得不干净。因为他没有洗过，没有经验，不知道怎样才能洗得干净。做饭也是一样，很多人第一次做饭，不是少放了水，把饭煮得过硬，就是多放了水，把饭煮得过稀，这是不足为怪的。因而如果孩子在第一次做什么事时做坏了，父母不要过于责备，而应帮助他总结经验，找出没有做好的原因，下次也就可能做好了。所以，正确的态度不是埋怨、责骂，而是热情帮助孩子找出失败的原因。

俗话说，"失败为成功之母"，也就是这个意思。没有失败，何来的成功？！

不过这个道理说起来简单，做起来事实上也并不容易。我们发现，有些父母看见孩子没有把事情做好，就干脆自己做了起来。他们的说法是："我自己动手省事得多。"这种越俎代庖的做法对孩子的教育是大大的不利。

现在有些孩子在考大学时，由于某些原因临场发挥得不够好，而没有考上。这时父母就焦躁不安，于是埋怨、责骂。这种做法是极端错误的，而且不利于孩子再战。像孩子考大学这种大事，我们当然不希望子女落榜，但同时我们却又必须允许和容忍孩子失败。一时失败了，坏事既然已经发生，父母就绝不要再埋怨和叱责。反之，应关心和体贴孩子的痛苦，同他谈心，共同找出考试失败的原因，想出克服的办法，找出前进和努力的方向，激励孩子再战，争取下次战斗的胜利！

其实，如果孩子已经多少有些思考能力和独立的要求，我们就应该尽量给予孩子们自己思考的机会。让孩子自己去决定应该从什么做起，是马上就做功课，还是先玩耍一会儿再做功课。这样既培养了孩子们的独立思考能力，孩子们又能高高兴兴地做功课。当然，这样做绝不是要父母放任孩子不管。

对孩子的选择和决定，父母既应监督，也应检查，必要时，还应给予帮助，启发孩子作出正确的选择。这是因为孩子的选择有时不一定完善，可能会有不妥当和欠缺的地方。只要没有什么不良的后果，父母就应尽量不插嘴，让他们自己去总结，并从中吸取教训。这样，孩子可能

第一章
发挥管理的功能，提高孩子综合素质

会获得更大的进步。

父母要学会与孩子平等相处。

儿童心理学专家做过一项测试：父母在超市购物的时候，让孩子与父母选购物品，一般来说，孩子都会与父母合作，很少出现不听话或使性子的举动。购物的时候，父母可以诱导孩子，让他做一些小小的选择，比如问孩子："我们今天买生梨呢还是橘子？"并且要经常鼓励孩子，比如说："宝宝帮妈妈找到麦片了，真乖。"父母只要这样自始至终地鼓励孩子参与，自然比等孩子捣乱的时候再想法制服他更有效。

其基本方法是：父母的态度要平和，目的要明确。父母要求孩子参与的时候，态度要很温和，不要使用犹豫、不耐烦及粗暴的口吻说话，要求清楚直接。一句话，就是要让孩子明白父母到底要他做什么。比如父母要出门，不能说"快，走了"这样很笼统的话，而应该蹲下去，正眼看着孩子，很和气地说："把外衣穿好，帽子戴好，我们要出去了。"孩子如果按照要求做了，父母就应该抓住这机会进行表扬，强化孩子的这种行为。

可以采用以下方法：

（1）父母给孩子选择的权利

要让孩子参与，就要给孩子相应的权利。有的父母有这样一种错误的观点，认为孩子如果有了适当选择的权利，会使孩子产生占了上风的感觉，从而很多本来不能办的事情演变成了能办的事情。因此，常常让孩子在"不"或"是"之间进行选择。其实不然。刚开始的时候，可以让孩子在两样东西之间进行选择，不要把选择范围弄得太大了，孩子没法进行有效的选择。

如果孩子选择了父母所提供的范围以外的东西，父母可以这样疏导孩子："这个选择不错，我还没有想到。"如果孩子的选择不适合，父母可以告诉孩子："这个不算。如果你挑不出来，我帮你做决定吧。"

（2）父母要强调合作的益处

父母要让孩子知道，跟大人合作也是为了他自己好。如果孩子明白了这一点，就会产生很高的积极性。一般的情况是，两三岁的孩子已经懂好些道理了，父母用孩子能够接受的语言跟他解释做这件事对于他的益处，孩子是可以接受的。比如说："你和我一起把桌子收拾干净就可以画画了。""你换好睡衣就可以听妈妈讲故事了。"

（3）让孩子感到同父母一起做事有意思

孩子是否愿意与父母一起做事，很大程度取决于有没有意思。比如，孩子刷牙的时候，父母给他念一首刷牙的儿歌，让他跟着歌中的步骤刷牙，孩子就会感到很有意思。如果孩子拒绝穿衣服，父母可以对她说："听，小裙子说话了——我是你的小裙子，快点快点把你的头伸进来。"父母大概会觉得这样做有点可笑，但是孩子对此却是很喜欢的。

只有希望参与，才可能取得最后的胜利。即使失败了，也不要灰心，要敢于接受再一次的失败，再进行下一次参与。有这样的决心，什么事情还干不成？

20. 家里设立"自治区"，留给孩子自由天地

早期的习惯培养就像一粒希望的种子，不能到了收获的季节才匆匆忙忙想到播种，而必须赶在生命的春天里就有意识有地培土和撒种，并且坚持不断地施肥和灌溉，这样才能让希望的种子及早生根发芽，茁壮成长，让孩子在人生成功的道路上胜利前进。

我们向读者建议，应该向自己的孩子灌输这种理念：自己的事自己做。这不应该仅仅是一句口号，而应该成为是一种治家的理念。我们认为孩子3岁就可以作为平等的一个家庭成员参加"家庭会议"，参与决策、分担任务。毫无疑问这是培养他们自理能力的绝佳手段之一。

第一章
发挥管理的功能，提高孩子综合素质

让孩子早点当家，这也是培养他们的自信心的一个绝妙办法。

我们推荐这样的做法：如果家中来了客人，特别是孩子比较喜欢而又尊敬的客人来了，让孩子有意识地做家庭的主人，接待客人，做一些力所能及的招待活动，比如送茶水、送糖果等等。另外，还应该鼓励孩子从事简单的社会交往，有利于孩子锻炼自己的生活能力。

现在的很多孩子是"衣来伸手，饭来张口"，什么事情都是父母包办代替。这是一种很不好的现象，父母应该努力改正。父母必须清楚，总有一天，孩子是要成为一个自立于社会、自立于人生的个体的。父母如果能从小就培养孩子自己的事情自己做，自己的东西自己管，自己的生活自己安排的自我管理习惯，就能够很好地增强孩子行动的独立性、目的性和计划性，这对于孩子今后的幸福和成功无疑是具有很大的好处的。具体做法如下。

（1）给孩子一个劳动岗位

许多父母抱怨孩子懒，这是无可争议的事实。20世纪90年代初，曾有媒介披露一组数据，即有关方面对各国小学生每日家务劳动时间做过统计：美国为1.2小时，韩国0.7小时，英国0.6小时，法国0.5小时，日本0.4小时，而中国仅为0.2小时，即12分钟。当时，不少媒介炒起了"0.2"现象。1996年，中国城市孩子人格发展调查也发现，孩子平均每日家务劳动时间为11.32分钟！

作为发展中国家的中国，按说孩子劳动应多于发达国家，却为何如此之少呢？最根本的是一个观念问题。

无数父母反复叮咛孩子：只要你把学习搞好了，别的什么都不用你管。这是一句非常典型的话，其含义是分数决定命运，一切为了考试，什么道德呀、体育呀都算不了什么，劳动更是不必提及的事。

客观一些讲，父母们讲这样的话也是无奈，是被以升学考试为中心的教育体制逼出来的。但是，不论有多少理由，我们应首先弄明白孩子

是否需要劳动,劳动对于儿童成长有何意义。

从孩子的成长需要讲,孩子其实是喜欢参加一点劳动的,更喜欢负一些责任,以确立他们在家庭中的位置,并增长自己处理问题的能力。这是他们成长过程中的自然需求,我们应该满足他们。否则,他们长大之后会发觉,这一生有无法弥补的缺憾。

从教育的角度看,孩子的劳动与健康人格密切相关。我们调查发现:第一,孩子劳动时间越长,其独立性越强;第二,孩子从事劳动时间越长,越有利于形成勤劳勤俭的品德。

因此,父母们应当从小培养孩子热爱劳动的良好习惯,并以此作为培养优良人格的一个切入点。譬如,在家务劳动中,为孩子选择一个适合他的劳动岗位,郑重其事地交给他,使他具有光荣感和责任感。父母应当经常鼓励孩子,并给其具体帮助,使他感受到劳动的高尚。

(2) 让孩子自己支配时间

一个具有健康人格的人是自由的人,而自由主要体现在这个人能够自由、有选择地支配自己的行为。这种自由感不是凭空产生的,其中很大一部分来自童年时期对自由支配时间的体验。但遗憾的是,我们的调查发现,孩子平均每日可支配的自由时间只有 68 分钟,这说明,我们没有给予孩子足够的可自由利用的时间,相反,我们用功课以及其他有关学习的活动将孩子"安排"了,我们把他们"安排"得满满的,使他们疲于奔命,而失去了选择的机会和能力。

更可悲的是,他们几乎成了机器人,在"安排"下失去了自我,以至变得越来越懒散、麻木和消极。

有位独生女来信说:"我知道妈妈很爱我,但爱得我想去死,因为我一点自由也没有。"

自由支配时间,意味着孩子具有热情地实现自我、用创造性的方法表达自我的机会。剥夺儿童自由支配的时间,实际上是在剥夺儿童成长

第一章
发挥管理的功能,提高孩子综合素质

和发展的机会。对城市孩子的调查表明:有更多自由支配时间的孩子自信心更强,并且比自由时间较少的孩子有更强的成就需要。因此,父母们应转变观念,给孩子足够的自由支配时间,帮助孩子有效利用时间,发现生活的乐趣,展示自己的才华,使其能够更健康更自然地成长!

作为父母,你是否觉得孩子太依赖大人呢?

早晨起来被子不叠,吃完了饭碗筷不洗,甚至忘了带某种学习用具也怪大人没有提醒等等,诸如此类的现象司空见惯。所以,我们在调查中发现,孩子认为自己"有责任心"的仅占45.9%,认为自己"做事有独立性不依赖他人"的仅占40.3%。也就是说,半数以上的孩子依赖性较强。

孩子的依赖性是从哪里来的呢?一般来说都与父母的溺爱有关,父母包办代替越多,孩子的依赖性越强。相反,父母如果鼓励孩子自己的事情自己做,孩子的依赖性将会大为减少。关于这一点,很多父母都有切身的体会。

有个上小学四年级的独生女习惯于睡懒觉。每天早晨,她妈妈几次催她起床,她总哼哼唧唧说:"再呆会儿。"如果真迟到了,她会抱怨父母不把她拽起来,害得她受老师批评。

父亲想了想,对妻子说:"咱得换个办法了。"于是他们告诉女儿:"上学是你自己的事情。从明天早晨开始,该几点起床你上好闹钟。如果闹钟响了你还赖被窝,你就赖吧,肯定没人叫你,一切责任自己负!"

父亲心中有数:孩子虽然跟父母撒娇,可是在老师、同学那里还是很在意自己形象的,岂敢总迟到?果然,第二天早晨,闹钟一响,女儿噌地跳下床来。从那时起至今,五六年过去了,女儿早起床上学再不用催了。有时候,父母还在睡觉,女儿早已经骑车上学去了。

从这个独生女的变化可以看出,孩子的潜力很大,可以做很多事情，只是父母的溺爱剥夺了他们自立的能力。譬如，孩子的学习也是自己的事，靠自己认真听讲、认真思考、认真复习和预习，独立完成学习任务，才能真正掌握学习本领。大人陪读陪写甚至帮写帮计算，都是在帮倒忙，是在辛辛苦苦培养懒孩子。当然，如果孩子个人很勤奋仍搞不明白，帮他分析一下甚至请家庭教师都可以，但必须以孩子独立学习为前提，切忌包办代替。早在1927年，著名教育家陈鹤琴就提出：

"凡儿童自己能够做的，应该让他自己做；凡儿童自己能够想的，应该让他自己想。"

这是符合教育规律的至理名言。

第二章

树立管理的观念，把握孩子发展大方向

父母希望培养出一个天才的孩子，就必须树立管理孩子的新观念，把握孩子发展的大方向。在孩子成长的过程中，出现一定的偏差是难免的，只要掌握好了大方向，就会到达目的地，因为孩子具有很大的可塑性。

培养孩子成功的素质，
增加孩子信心

一个人的成功，智力是重要因素，但不是关键因素，关键的因素是非智力因素，也就是时下人们常说的"情商"。古今中外很多做大事成大功的人，其"情商"都发挥了不可估量的作用。父母有意识地培养孩子的顽强精神和坚强意志，培养孩子关心他人和集体以及助人为乐的良好品质，具有十分重要的意义。

21. 自信：能力和意志的催化剂

自信心是人生发展和成功的心理基础，又是能力和意志的催化剂。对于大多数人来说，正常的智力加上高度的自信，就能取得成功。因此，父母要善于鼓励孩子相信自己的能力，鼓励他们克服困难，取得成功。而溺爱孩子，或者蔑视孩子的创造性就会扼杀孩子的自信心。

目前，一种旨在提高孩子对挫折的心理承受能力的观念已逐渐兴起。西方教育和心理卫生专家普遍认为，对待挫折的良好心态是从童年时不断受挫和解决困难的过程中学来的。要养成在困难和挫折面前不低头的坚强意志和性格，就要通过家庭营造宽松氛围，允许孩子有自己的想法和生活方式，使孩子形成客观、宽容、忍耐及和谐的心态。只有这样，孩子才能在挫折面前泰然处之，保持乐观与自信。

帮助孩子树立信心，是父母的责任。可是在现实生活中，有些孩子比较缺乏信心，对这样的孩子父母应该着力培养他们的自信心。

择其要者，我们觉得应注意以下几点：

（1）父母应该给予孩子多方面的鼓励和表扬

事实证明，能力再弱的孩子也有他的"闪光点"，父母要从发现孩子的优点入手，及时地给予肯定和鼓励，不断地强化他积极向上的认同心理。

（2）父母千万不要把孩子的缺点挂在嘴上

对于孩子来说，父母的话具有很大的权威性。父母不仅不要经常谈论孩子的缺点，更不能对孩子说结论性的话，比如说"笨蛋"，"你真没治了"等话。可能在父母而言，只是一时"随口而出"，而在孩子的心目中就常常会留下很深刻的印象。父母即使发现了孩子的某些缺点，也要采用暗示的方法教育，以避免对孩子产生心理压力。

（3）对孩子应当适当降低标准，让孩子获得成功的机会

对孩子的要求如果太高，孩子就很难实现目标，也就很难建立起信心。如果父母针对孩子的实际水平适当地降低标准，孩子就很容易取得成功。成功对于孩子来说，往往会产生意想不到的效果，孩子会从不难获得的成功体验中获得充分的自信，就会取得更大的进步。

（4）父母还可以适当夸大孩子的进步，让孩子进一步树立信心

孩子即使没有进步，父母也应该寻找机会进行鼓励。如果孩子确实有了进步，父母就应该及时夸奖他们"进步挺大"。这样一般都可以调动孩子心中的积极因素，促使孩子期望自己取得更大的进步，孩子就有可能取得"事半功倍"的奇效。

（5）对信心不足的孩子，父母应该进行适度的"超前教育"

俗话说，"笨鸟先飞"，"勤能补拙"。父母提前让孩子掌握一些必要的知识和技能，等到与同伴一起学习的时候，他就会感觉到"这很好学"，在别的孩子面前就会扬眉吐气，就可能比别的孩子还学得快，自然就会信心百倍了。

22. 快乐：铸造成功性格的杠杆

儿童心理学家经过长期的研究发现，培养孩子的快乐性格，有利于孩子健康成长。这项工作必须从幼儿时期开始。

如何培养孩子的快乐性格？

（1）密切同孩子之间的感情联系

在快乐性格的培养中，与孩子建立"友谊"起着十分重要的作用。此外，还要与孩子经常同其他小朋友一起玩耍，让他在愉快的外部环境中接受愉快熏陶。

（2）给孩子比较充分的决策权

快乐性格的养成与指导和控制孩子生活的程度有着密切的联系。父母要设法给孩子获取快乐的机会，让孩子从小就知道怎样使用自己的决策权，比如允许6岁的孩子选择自己喜欢的电视节目等。这种事情虽然不大，但是对孩子快乐性格的养成也会产生一定的影响。

（3）帮助孩子调整心态

父母应该使孩子明白，有的人之所以一生快乐，并不是他们一帆风顺，他们也有情绪低落的时候，但是他们有很强的适应能力，有比较好的心理状态，能够很快从失望中振作起来。孩子遇到挫折的时候，父母应该为孩子指出其中的光明之处，并引导孩子调整心理状态。在这个过程中，孩子就会得到快乐，心情也就可以得到安宁了。

（4）有效地限制孩子的物质占有量

很多实践证明，适当限制孩子对物质的占有数量，不但不会阻碍孩子快乐性格的正常发展，反而可以起到推动的作用。专家指出，给孩子东西太多会使他产生这样的感觉：获取就是得到幸福的源泉。不能让孩子觉得人生的快乐就是建立在对物质财富的占有之上。

（5）培养孩子的广泛兴趣

如果幸福只建立在一样东西上，那么幸福的基础就不稳固了。比如一个孩子最喜欢某个电视节目，而正好整个晚上电视机都被别人占了，他就会不高兴了。作为父母，应该为孩子提供多样获得快乐的选择，并注意培养、引导，让孩子拥有比较广泛的兴趣。

(6)保持家庭的美满和谐

在幸福的家庭成长起来的孩子,由于具有快乐的性格,成年后能幸福生活的几率,比不幸家庭出来的孩子要多出10%~20%。

23. 情境：提高情商的金钥匙

兴奋的情绪、积极的主动性、勃勃的生机最能够激励、唤醒、鼓舞孩子,父母殷切地期待孩子,坚信孩子一定会成功,这才是真实的引导儿童开启智慧大门的闪光的金钥匙。

情境教育是最新发展起来的一种教育理念和教育方法。情境教育不仅从哲学上找到依据,而且还从科学上借鉴现代心理学的暗示、移情、角色学、心理场景等研究成果,构成情境教育的基本原理。它首先是一些专家针对学校教育而提出来的,但是我们发现这种教育方法所主张的东西在家庭教育中也是完全实用的。

情境教育的原理是这样的：

人能够在活动中与环境相互作用,在这种和谐统一中,人也能够获得全面发展。这对于家庭教育来说就是指一个富有情趣的父母与孩子之间的互动空间,因此这种"情境教育"之"情境"是"有情之境",是"活动之境"。

首先,情境教育根据教育和教学的远期目标和近期目标,针对儿童的特点,运用图画、音乐、表演等艺术的直观,或运用现实生活的典型场景,直接诉诸儿童的感官。当儿童进入这样的情境时,很快激起强烈的情绪,形成无意识的心理倾向,情不自禁地投入到学习活动当中,并表露出内心的真情实感,从而迅速地对学习焦点的变化作出反应。

这种最佳的心理驱动正是挖掘人类潜在能力的重要通道。

其次,情境教育利用移情作用,孩子形成身临其境的主观感受,从而在加深情感体验中陶冶情操。概括地说,儿童从关注开始,产生对教育教学内容的积极的态度倾向，到激起热烈的情绪投入学习活动；然后，孩子的情感不由自主地移入学习情境的相关对象中；随着情境的延续，儿童的情感逐步加深，最终情感弥散、渗透到儿童内心世界的各个方面，相对稳定的情感态度、价值取向逐渐内化，融入儿童的个性之中。

这种教育的主导思想的重大忽略，就是没有通过热情的期待和鼓励，使儿童自身潜在力量得到尽可能大的发展。因为孩子会从父母的爱中获得信心、获得力量。这种信念往往会转化成一种积极达成教学目标的驱动力，孩子情不自禁地从储存在大脑里的信息、映像中进行检索，并加以沟通组合、迭加，迸发出智慧的火花。每到此时，父母再给予热情的称赞，使孩子体验到自信，感受动脑的快乐、幸福，在这经常的期盼激励中，儿童的内心会形成激发自我潜在智慧的心理倾向。

情境教学追求的不仅是在审美的乐趣中让孩子有情有趣地感知教材，而且还要在此过程中，竭力发展孩子的创造才能。素质教育特别强调创造活力的培养，每一个大脑功能正常的儿童都有巨大的创造潜能，既可以发展、强化，也可压抑、泯灭。而创造必然要展开想象，素质教育特别强调创新能力的培养，而创造性的培养与儿童右脑的开发有着密切的联系。

传统的应试教育主要通过复现式的记忆去学习知识，因而造成大脑左半球过度使用、而右脑受抑制最终将阻碍儿童潜在的创造才能的发展。这是教学领域长期以来注重认知，忽视情感教育而造成的后果。情境教育中强调对教材形象的感受，父母常常运用图画的形象、音乐的形象、角色扮演的形象、生活的场景、再现教材描写的形象，包括数学中数的感受，让数学与生活沟通，在小学各科教学中都通过形象，结合父母的语言描绘，而给孩子留下鲜明的印象。

在语文学习中，父母的语言描绘，以及带着与作者产生共鸣的真切的情意，能够激起儿童的情绪，巧妙地把儿童的认知活动与情感活动结

第二章
树立管理的观念，把握孩子发展大方向

合起来。由于"形"与"情"都作用于右脑，于是右脑被激活，孩子的幻想、联想、想象的翅膀悄然张开。形象越是鲜明丰富，感觉越是敏锐，右脑越是兴奋，形象思维活动也越是活跃。而情境教育又十分注重符号操作，这就很自然地促使大脑两球交替兴奋，协同作用，发挥全脑的功能。

上述原理可以在实际经验中得到验证。

例如，很多父母都有这样的经历：

对孩子说："来，我教你算数吧。"孩子把头一扭就往一边走。这可怎么办呢？父母也有这样的经历：下雪了，天上飘着雪花，孩子跟父母说："快来看，雪花在跟我玩儿呢。"吃甜苹果的时候，父母对孩子说："这里面放了糖，你知道吗？"于是孩子可能一下子就被吸引过来了。

这给父母以下启示：

原来孩子都是"性情中人"。他们认识事物的时候总是充满了情绪，事物在他们眼里都带有感情色彩。孩子为什么都喜欢童话故事，道理就在这里。只有让孩子接触感情性的东西，他们才能更深切地感觉它、记忆它、理解它，也才会产生兴趣。在孩子的心目中，雪花是朋友，是玩伴。父母应该根据孩子的这个特点，充分调动孩子的情绪状态，把学习变成生动活泼的东西。

还有一个例子：

有一个教师给学前班孩子上课，很受欢迎。例如，叫学生发言，他不是靠学生举手他再点名，而是准备一个"发言球"，一边从讲台上把"发言球"扔出去，嘴里一边说"2+3"。哪个孩子接到球，哪个孩子就说出答案，孩子们"学"得很高兴。有的听课的老师不理解，这不是多费一道手续吗？直接提问不就可以了吗？要什么"发言球"？他回答说，没有"发言球"，当然也可以提问，但是孩子却没有了强烈的发言兴趣。

可见，孩子都是情绪化的学习者，因此如果父母不为他们制造一定的情感氛围，就无法激活他们的聪明才智。

实践证明，在幼儿园里面，有些孩子在某个教师的班里很聪明，而到了另一位老师的班里就变"傻"了，可能奥妙就在于老师运用情景教育的成败。

这一点应该引起父母的反思！

例如，有些父母教育孩子常常使用成人化的方法，就是因为不明白这一点，弄得孩子对学习缺乏积极性，反过来父母却又埋怨孩子又懒又笨……其实，有很多时候，又懒又笨的恰恰是父母自己。他们对孩子的心理一窍不通，又懒得去研究去学习，而自以为是地把成人学习的模式强加给孩子，孩子不愿学习，又去责怪孩子。不客气地说，应该责怪的不是孩子，而是父母。

孩子认识事物，一般都是以自己的经验为中介的，这是孩子情绪化的另一个特点。在孩子的心目中，任何事物都跟自己的经验有很直接的联系。孩子吃苹果感觉到甜，他不认为甜是苹果本身所具有的，而认为是里面加了糖。这显然是孩子吃奶时加糖的生活经验的反映。

这种思维方式非常有趣，反映了儿童的思维是以自我为中心的。根据孩子的这个特点，父母对他们进行知识教育的时候，一定要把有关的知识和他本人的生活体验联系起来，才便于孩子理解，否则就会出力不讨好。而父母要知道孩子的体验，就必须走进孩子的心，用孩子的眼睛去看世界。这是很困难的一件事，而且很多父母，特别是很多幼儿教师，都不愿认真研究孩子的心理，但是这种事是不做不行的。

心理学家早就指出，孩子的主要活动是游戏而不是正规的学习，他们上幼儿园、学前班，其目的应该就是如此。

我们认为这是很有道理的。

可是有些父母总是希望孩子早学知识、多学知识，认为做游戏是在浪费时间。但是让天真烂漫的幼儿像成人那样学习是不行的，对孩子来说，害处大于好处——等于"强迫"孩子厌学。父母应该明白，游戏本身就是学习，孩子在游戏中能够学到非常重要的东西。

有些父母可能会问：孩子在幼儿园只知道玩儿，一旦上小学进行正规学习不适应怎么办？这也是一种误解。我们不是不准孩子学习，而是主张让孩子在情绪化的氛围中学习，让孩子在游戏中学习，不仅要让孩子学到一些知识，还要使孩子形成一种良好习惯，更主要的是开发了孩子的智力和潜能。同时，从幼儿园到小学一年级，教师也会比较巧妙自然地过渡，不会使孩子进入正规学习时过于突然和生硬。

把游戏与学习对立起来，人为地把知识学习和游戏割离开来，各自形成一个封闭的系统，让两者互相隔绝，一个极端是"傻学"，另一个极端是"傻玩儿"，孩子们就会在这两个极端来回摇摆，结果自然是学得死板，玩儿得无味。

因此，有些父母以为"带着孩子玩儿很容易"，而"教孩子学习很困难"，这也是不正确的认识。设计一个知识含量高的游戏才是极其困难的，需要很强的创新能力；而拿着书本照本宣科，当个教书的机器，则是比较容易的。

如果父母希望自己的孩子学得更好，学到更多的知识，增加更多的能力，开发出更多的潜能，就应该制造很好的氛围，让孩子在情绪化中学得更好，学得更加生动活泼。

总之，只要科学地耕耘，就会有很好的收获。

24. 天道酬勤，有耕耘才有收获

房子不打扫，不会干净；盆中的花，不浇水灌溉，就会干死；地里不播种，不会长出庄稼——世上的一切美好的东西都必须有所付出，付出汗水，付出精力，付出智慧……教育孩子刻苦耐劳，是父母的一堂必修课！

父母要正确地诱导孩子，遇到了困难和挫折，不要灰心丧气，困难和挫折都是暂时的，很快就会过去的。

"天将降大任于斯人，必先苦其心志，劳其筋骨……"这几句中国的古训，虽然中学语文课本的古文里有，孩子也学过，可是父母淡忘了，孩子也很难领悟其中的深刻意义。可是这种道理是永存的，而且也是永不会褪色的。也就是说，一个人必须经过刻苦的努力和磨难，才能担当大任，才能有所成就。最明显而且大家都在电视上所看到的例子——奥运会、亚运会或全国运动会上的金牌得主，就是这方面最生动活泼的证据。那些光芒四射的金牌得主哪一个不是年复一年、日复一日，不分寒暑、没有休假、终年苦练？跌倒了又爬起来，失败了又站起来，在千百次的失败后才达到了一个个项目的顶峰。他们训练的刻苦，拼搏的顽强，不夺金牌誓不甘休的毅力，无一不令我们叹服。

我们当然不是要求自己的子女个个都能成为运动健将、金牌得主或科技新星，也不是都要求自己的子女不休息、不度寒暑假，年复一年，日复一日，苦守书斋或苦守机房。但是，如果希望我们的子女将来能在事业上有所成就，成为一个对社会有益的人，父母从小培养孩子刻苦的精神却是十分必要的了。因为一个害怕困难、畏难、怕苦的人，是必然一事无成的，世界上没有一件什么事是可以不劳而获、心想事成的。要做成任何一件事，都会有困难，都会有艰辛，只是困难的大小不同、艰辛的程度不一。一个人没有一点刻苦的精神，必然会见困难就退却，也就是我们所常耻笑的五分钟热度，甚或连五分钟热度都没有的懒汉。

我们从前的邻居有一个女儿，父母从小溺爱，没有养成劳动和吃苦的习惯，所以在上中学后，她感到数理化很费脑筋，一道题要左想右想，还有数学公式背得不熟，很难学，她在应付不了的时候，就改学了文科。文科也是很多东西要背，尤其是语文。要想写好一篇作文，要多读多背。所以她认为读书本身就是一件苦事，不想读书。然而做事，又做什么事呢？做工吧？更苦。于是她又改学外语。外语入门确实不很

第二章
树立管理的观念，把握孩子发展大方向

难，同时又有些新鲜感，所以她学了外语。可是入了门以后，接下来的就是大量生词、纷繁的语法现象，样样要读，样样要背，她又畏缩不前了。结果在门口踌躇了两年，又退了回来。

由于生活的普遍改善，娇生惯养的子女现在多起来了。因而有些受娇惯的子女好逸恶劳，拿起书包上学，放下书包吃饭。而在学校里也是上课不听讲，学习马虎。他们虽然比前面我们讲的那位邻居的女孩幸运一点，幸运地高中毕了业，又幸运地混了一张大学文凭，但他们由于畏难、怕苦，相信"60分万岁，多一分浪费"，因此成绩只能勉强及格，有的甚至是想尽千方百计才蒙混过关。而且因为实际学识很少，进入工作单位后，也很少有人能做出一些突出的成绩。

西方的成功人士在这方面相对来说理性得多，试举一例：

美国微软的创始人比尔·盖茨已经决定将自己的绝大部分财产捐献给社会，只留下其中不到千分之一的份额给自己的孩子。

他说："一个人一生下来就拥有几百亿美元的财产是一件危险的事情。"

比尔·盖茨的举动对于许多中国的父母来说肯定是不好理解的，因为在绝大部分中国人的心中，万贯家产就是孩子幸福的保证。可惜这样的父母很少注意到，比尔·盖茨其实留给孩子另一种真正的财富：一种超越物质的、靠自己奋斗去创造一切的人生观。

历史上无数事实证明，靠财产来贿赂孩子的做法只能毁掉孩子的意志与人生奋斗激情，对于胸无大志的人来说，最终甚至可能害了他们。"富贵不过三代"，其原因就在于此。

刻苦就是要不畏难、不怕苦，因而要培养孩子不畏难、不怕苦的品质。首先，父母不能够时刻怕孩子吃苦。宁愿自己多吃一点苦，惟恐孩子吃了苦，这恰好又正是我们这一代父母常犯的一种通病。他们总是只希望孩子能生活得幸福轻松，总怕孩子吃了苦。因此，他们在家里不让他们的孩子做一点事，不教育他们的孩子劳动，从小养成劳动的习惯。

要记住民间的一句古训："吃得苦中苦，方为人上人。"一个没有劳动习惯，不热爱劳动的人，是不可能不怕苦、不怕难的，也不可能有刻苦精神的。所以，要培养孩子的刻苦精神，就必须首先培养孩子的劳动习惯，要使孩子从简单的劳动中学会人生的伟大哲理。

25. 勤俭朴素催人奋进

父母要给孩子提供必需的物质基础，这是毫无疑问的。但是，平时父母应该少给孩子一些物质的享受，否则孩子就会误解，以为获得物质才是人生的快乐。心理学家约翰·罗斯蒙发现，当拿走孩子大部分玩具后，他们反而变得更会动脑筋，而且玩儿得也更有乐趣。这种减少孩子玩具的教育方式对孩子是十分有利的，可以帮助孩子思考和创造。

有些父母一味地要求孩子学习，其他一切事情都不要孩子去做，给孩子创造了特别优裕的物质条件和舒适的环境，对孩子的物质需求是有求必应。孩子生活在这样富足的环境里，自然不知道什么叫吃苦，什么叫简朴了。

我们认识一位老太太，有一次她谈到了一件令她十分迷惑的事。

下面是她的原话：

我的孩子今年都30岁了。他去年回家来时，谈到他小时的往事时说，有一回他要买一副铁环玩儿，我都不肯买。言外之意，有些埋怨我吝啬。我听了后，心里很不是滋味。其实，我哪里是舍不得钱买铁环。我当时之所以不买，是怕惹祸。怕孩子们在玩儿的时候，相互争着玩儿，争吵起来时用铁环互相殴打。而我家邻居的一些孩子又特别喜欢打架，况且我的孩子又在他们之中是比较小的一个。

我们听了那位老太太的话，感想很多。因为现在抱怨自己父母小气的孩子很多。同时我觉得那位老太太不买铁环的苦心是完全可以理解的，而且也没有什么需要自责的。孩子的抱怨，我们听见过很多，最常

第二章
树立管理的观念,把握孩子发展大方向

见的是抱怨小时候父母没有给他们做过什么新衣服,总是捡旧衣服穿。其实,捡旧衣穿,只要没有破烂,也并不是一定不好。而且这个问题还要从历史的角度来看。一方面,孩子捡旧衣穿,即父母把父兄的旧衣改小给孩子穿,父母固然是出于俭朴,这也是我国千百年来的俭朴传统。另一方面也出于当时的物质条件,当时部分家庭的环境不甚好,父母又哪能给孩子每年做什么新衣服呢?一个母亲能够让自己的孩子穿得整齐清洁就很不容易了。

况且任何一个父母都不可能,也不应该对孩子百依百顺,不权衡需要,不权衡利弊,孩子要什么就马上去买什么。这既对孩子没有好处,也不是教育孩子之道。孩子在外面玩耍,在学校里读书,发现别人有好玩儿、好看的东西,各种各样,数不胜数,就产生了兴趣,于是自己就想要,就要父母买,那会要多少钱?又会要多少地方来置放?即使有这样多的钱财,这样的房间,那孩子都去干这些事情去了,还有什么时间读书做功课?

而孩子一想到自己父母不肯买,就认为是父母吝啬。从对孩子的教育上来看,这其实是一个勤劳俭朴的问题。从某一点上来讲,暴露了过去我们对孩子勤俭方面的教育仍然不够,甚至相当不够。在孩子的今天,尤其是父母收入都得到了很大提高的今天,则更不是不够,而是完全被忽视或遗忘了。

其后果的严重性不难想象:

一个没有勤劳俭朴的习惯的孩子,不会懂得父母的钱来之不易,也必然不会爱惜自己的衣物、图书和玩具。当然,也就更不会爱惜国家和社会的公共财产。同时,一个没有俭朴习惯的孩子长大后,也不可能热爱工作。因为俭朴与勤劳是紧密相联的。很难想象一个不懂得爱惜东西、珍惜金钱的人会热爱工作,或愿意工作。当然,这种孩子也不会有艰苦奋斗的精神。因为只有懂得辛劳的人,才懂得一衣一食一物来之不易,也才懂得俭朴,在工作或事业中刻苦顽强。所以,在今天,我们要

把自己的子女培养成开创未来的新人，我们就必须在生活中从小培养孩子勤劳俭朴的习惯。那么怎样才能培养孩子勤俭的习惯呢？

根据一些教育学家的研究，要培养和教育孩子勤劳俭朴，父母首先应该做到以下三点：

（1）并非凡是孩子看到的和喜爱的东西，就都必须成为他个人所有。

（2）孩子应该想到的不只是他自己，还应有家庭的其他成员。

（3）不要满足孩子的每一个愿望和要求。

这三点相互联系，看起来很简单，有点像老生常谈。但也许正是因为它平淡无奇，常为许多父母所忽视。不少父母总是只要是孩子喜欢，就千方百计去满足，孩子要什么就给他什么。他们不但自己主动地让出自己应有的一份，还要求家庭中其他成员也都让出他们应有的一份，以博得孩子的欢心，以平息孩子的吵闹。

父母的想法和道理都很简单，孩子小，大人可以让一点。当然，这种动机和愿望也都是善良的，但是父母可能万万没有注意到，孩子的要求是无尽的，这样是不利于孩子发展的。试想，父母今天满足了孩子的这个要求，孩子就可能会觉得父母能够有求必应，于是他明天又可以提出另外的新要求。父母今天可能设法满足孩子的这个不太合理的要求，而明天也许就无法满足他的那个欲望了。

这样，无意中惯纵了孩子，培养了孩子的自我中心和利己主义。日久天长，他们心中会只有自己，没有别人。他们当然也就不会尊重别人和尊敬长辈了。而且稍不如意，便大哭大闹，攻击别人甚至父母。最后，在他们达不到目的或满足不了他们的愿望时，他们还可能由失望而转变为消沉。

因而，在有爷爷奶奶或兄弟姊妹的家庭里，父母应该有意识地教会每个孩子学会与家庭中其他成员合理地分享食物和衣服，学会使自己的要求与家庭中其他成员的需求相适应。并且经常教导孩子，让孩子知道

第二章
树立管理的观念,把握孩子发展大方向

和懂得,虽然家里只有一个孩子,但这丝毫不意味着他就是全家惟一有特权的成员,就是皇帝。

我们认识不少父母,尤其是一些善良的母亲,他们对待自己非常苛刻,常常是节衣缩食。好吃的让孩子吃个饱,自己不吃;好衣服让孩子穿,自己穿破的旧的。然而,孩子并不能理解父母的这番苦心,反而以为是家里有钱,养成一种大手大脚的习惯和极端的利己主义,甚至造成他们在父母面前享有一种特权。

这样的孩子长大以后当然也不会懂得孝敬父母,因为他们心中至高无上的就是自己。有的孩子甚至可笑到这种程度,说他们的父母不喜欢吃好的,只喜欢吃粗茶淡饭;不喜欢穿新衣,而喜欢穿旧衣。

所以,父母最好是让孩子从小就懂得他们所使用的一切——衣服、玩具、图书、文具和体育用品等的价值,教育孩子爱惜衣物、爱惜书籍、玩具,不应该对丢失和损坏物件感到无所谓。因为每一件衣物都是各阶层的劳力换得的,也是父母辛勤的劳动所换来的。这就是古训所讲的"一饭一粥,当思来之不易"。

与此同时,父母还应该有意识地安排孩子做一些力所能及的劳动。如父母在做事时,吩咐在旁的孩子拿工具,或帮助打扫卫生。十一二岁的孩子就可以帮助父母在邻近商店购买一些简单的东西,或寄信等。

这一节开头所讲的那位老太太告诉我们,她儿子回忆起童年生活时,也总是讲他12岁就开始洗自己的内衣内裤,好像是母亲虐待了他。我们当即告诉那位老太太:"你做得对!你这样就从小培养了孩子的劳动习惯和独立生活能力。他将来明白了事理,不但不会埋怨你,还会终生感谢你这位好妈妈!"

全家人生活在一起,本应当相互分担日常生活中的劳务,相互关注、体贴和帮助,这些都对孩子感情和社会交际能力的发展有很大的益处。父母应该使孩子懂得他的父母为了全家的幸福,为了生活是怎样工作和劳动的,进而促使他产生帮助父母的良好愿望。

因而，对孩子进行劳动教育，教会孩子帮助长辈从事一些家庭劳动是非常必要的。但是遗憾的是，我们许多父母都对这一点缺乏应有的认识。他们认识不到教会孩子，尤其是从小教会孩子帮助长辈做家务事是培养孩子劳动习惯和劳动感情的基本途径。

另外，一些父母还有糊涂的观念。

一是认为这些家务事自己还可以做得了，还年轻，不是老得动不得，不必去让孩子分担或代劳。有的父母还认为孩子将来反正有做不完的事、操不完的心，就让孩子童年和少年时期多玩儿一点，自己多做一点。

二是有些母亲做事特别认真，她们总觉得孩子做事做不好。孩子扫过的地，她们认为没有打扫干净，自己要打扫第二遍。孩子洗的碗或手帕，她们认为没有洗干净，自己要重洗。因而，不如干脆自己动手，还省事些。孩子不会做事，正需要学习做事。孩子没有经验，也没有实践经历，当然不可能一开始就做得那么好。正因为做得不好，才需要父母的教育，才更需要锻炼。

而恰恰这一点，那些父母却忘记了或者忽视了，或者是缺乏耐心。结果，家中一切包办，在年轻时，不需要帮手时，父母还能一切代劳。到了中老年后，精力衰退，需要帮手时，孩子却又因为没有劳动习惯，不会做事。而且由于孩子没有劳动习惯，这时想喊也喊不动了。

这类事情在我的身边简直是随处可见。十七八岁甚至二十岁的小伙子坐在家里玩扑克、看电视；而五十几岁的老父、老母都要到商店里去买东西、打扫室内。还有一些已经结了婚的青年男女，他们自己没有房子便和父母住在一起。照理说他们同老人住在一起应该可以为老人分担一些沉重的家务，然而事实则恰恰相反，他们除回家吃饭和睡觉外，四手不伸。房间要父母打扫，衣服也要父母洗。

这都是因为从小父母没有教会他们劳动，他们从小就是一切由父母代劳惯了，所以才养成了好逸恶劳的恶习。没有劳动习惯，不热爱劳动

第二章 树立管理的观念,把握孩子发展大方向

的人,必然就不能吃苦,一旦生活上发生什么变故,他们就会对生活丧失信心;而且,即使没有什么变故,他们在自己的日常工作中也会缺乏刻苦钻研的精神,也不能做出什么成绩。

劳动习惯和对劳动的感情不可能是天生的,也不可能学不会,它需要父母的细心培养和不断地教导。为了孩子的明天,为了热爱孩子,年轻的父母们必须从小培养孩子的劳动习惯和教会孩子热爱劳动。一切由父母代劳,这不是对孩子真正的爱护,这是在毁灭孩子。

培养孩子劳动习惯的正确方法是耐心热情地帮助与教导。孩子开始学习做事,肯定不可能做好。这时就不应要求过高,不能动辄指责:"这是你扫过的地呀?地上还有这么多的泥巴、碎纸。"或者说:"这个茶杯还有茶渍,你怎么洗的?"发现了没有扫干净的地方或没有洗干净的地方,应该指出来,但是指出来的目的是为了借着缺点教孩子真正学会做事。所以态度不应该是生硬的指责,而应该是热情的关怀与帮助,比如说:"扫得好,只是还没有扫干净。你看那里是不是还有些泥巴和纸屑?快拿扫帚来,把那里再扫一下。"

有的事情,孩子开始时做不好,母亲还可以亲自示范。通过这样具体和耐心的帮助与教导,孩子也就会逐渐学会劳动,而且渐渐养成爱劳动的习惯。有了劳动的习惯,孩子也学会自觉地爱惜东西了。或者说,至少也容易接受父母对他提出的俭朴的要求,也不再会那么随便地责备父母"这也舍不得那也舍不得"了。

26. 学会理解、倾听,轻松跨越代沟

父母在与子女的相处中,要善于沟通,为了避免一些不必要的争吵,使家庭关系和睦,要记住这点:顺着孩子的意见和接受孩子的意见。父母施以爱心,随机应变地应用一些办法,就能处理好与子女的关系,赢得子女的尊敬和热爱。

很多孩子经常招惹父母生气。例如：他们把自己弄得脏兮兮的，屋里弄得零乱不堪，从不整理；穿的衣服也叫人看了讨厌，一头乱发，不梳不理；用粗言粗语讲话，结交不三不四的朋友；看一些无益的书；甚至大口抽烟，吞云吐雾；和别人吵架；考试不及格等等。

父母被这样的孩子气昏了头，对付他们是首先采用声色俱厉的方法。要是行不通，就改用和蔼可亲的感动方法。再行不通，则改用讲道理的方法，使用温和、真挚而有感情的言词开导他们的宝贝孩子。一旦发觉这简直是对牛弹琴之后，就沉不住气了，于是开始挖苦他们，斥责他们，接着就是威吓和体罚。

可以肯定地说，这绝对是两败俱伤的管教方法。

被孩子气昏了头的情形下，怎样才能保持冷静？怎样才能有效地管教好青少年子女？父母的办法就是"以柔克刚"。

父母和子女最常出现的问题便是"代沟"。由于父母和子女所生长的背景以及教育程度不尽相同，因此，或多或少都会有些差距，既然差距不能避免，为何不去适应彼此的差距，喜欢这样的差距，然后接纳差距呢？

所以，当父母与青少年子女出现代沟时，应具备如下的看法：

（1）代沟不是坏事，反而代表一种进步，只有在进步的社会中才会有这种现象。

（2）青少年在这段时期应完成的使命便是"建立自我"、"完善自我"。所以，当子女和父母意见不同，表示他开始有一套自我的想法，只要有道理，父母都应该帮助他建立正确的价值观。

（3）或许子女现在的意见与父母不同，但不表示永远不相同，等到他成熟起来，或为人父母时，就会体会到你的苦心。

如果我们把"代沟"看成是一种良性的冲突，有助于亲子之间的了解，则不失为增进彼此关系的妙方。

我们接触过一些美国教师的家庭，他们父母子女间善于交流思想，

第二章
树立管理的观念,把握孩子发展大方向

讨论问题。这一点很值得国人学习。同时,我们深感父母应该多学会一些说理工作。

我们认为争执的原因就在于两代人之间缺少沟通,所以做孩子的知心朋友是对孩子发挥影响的首要条件。

一些父母认为,自己的孩子,自己生,自己养,每天生活在一起,还用了解吗?其实不然,孩子身上尤其是心灵上每天悄悄发生的变化,如果不精心对待的话,父母并不能了解。

这是父母与孩子的天然差距所决定的。

父母与孩子的差距首先是由心理发展水平引起的。由于儿童的感觉、知觉、思维等尚未发展成熟,他们对外界的感觉与成人是不同的。比如同样是看电视剧"鲁西西的故事",当鲁西西趴在床上哭时,成人看到"鲁西西受了委屈,很难过",但一个4岁孩子"看到"的却是"鲁西西不是好孩子,她穿鞋上床"。

有关儿童心理学的书籍里有充分的理论根据说明,成人与儿童的心理发展水平有多大的差距。

其次,两代人的知识差距、生活经验的差距以及对新技术的适应能力的差距等都有可能造成代际隔阂。

作为父母,你也许会无奈地发现,自己在孩子面前的权威性下降了,孩子"人不大,心不小",样子还挺张狂。这是今天许多父母都碰到的难题。退回几十年前,父母对孩子几乎有绝对的权威性。他们喜欢说:"我过的桥比你走的路都多。"

在今天,你敢说比孩子知道得多吗?信息化社会动摇了长辈的权威地位。情况不仅仅如此,计算机时代是成人与孩子同步进入的,而孩子往往比大人掌握得更快,知道得更多,至少在这个领域父母开始失去自己的权威。

至于说到孩子的张狂,假如你的孩子在10~20岁之间,完全是正常现象。10~20岁是国际学术界认定的青春期。

心理学家发现，孩子在10岁之前是对父母的崇拜期，20岁之前是对父母的轻视期，30岁之前又对父母变为理解期，40岁之前则是对父母的深爱期，直到50岁真正了解自己的父母。

因此，10~20岁之间是代际冲突最为激烈的时期。从儿童期进入青春期的少年阶段，孩子最重要的心理现象是"自我意识"的强化。他们渴望独立又屡屡失败，常以苛刻甚至挑衅的目光审视父母和社会。但是，代际冲突具有不可估量的积极意义，它是社会前进的基本形式之一。

当然，父母的权威主要来自人格的魅力，而不是知识。不过，如何对待新知识和新信息，尤其是如何对待走向新世纪的下一代，往往成为两代人能否和谐相处的关键。当你不接纳下一代时，两代人关系极容易雪上加霜，而当你接纳下一代时，两代人都会生机勃勃、富有活力。

总之，作为成熟的父母，应当是善于与孩子沟通的，即善于发现孩子在想什么在干什么。当孩子做出一些成人难以理解的事情时，父母不是当即质问或训斥，而是平心静气地思考一下：孩子的行为是否有合理性？如果缺乏合理性，又是为什么？经过这样的思考，父母则容易了解孩子，而了解孩子恰恰是教育的成功之道。

不少父母都会遇到这样的问题：与孩子沟通为什么那样难呢？

儿童教育专家为父母提出以下方法：

（1）设身处地为孩子着想，这是父母与孩子很好的沟通的第一步

父母也是人，我们自己是不是也希望别人能够明白我们内心的感受，希望得到别人的帮助呢？孩子也是人，他们也同样希望别人明白自己内心的感受，也希望得到别人的帮助。

（2）倾听是父母与孩子有效沟通的最佳策略

如果父母愿意倾听孩子的心声，理解他们的意见或情绪，这实际上就是对孩子的尊重。父母要做到真正倾听孩子的心声，应该注意：

①和孩子交谈的时候要暂时放下手上的事情，专专心心地交谈。只

有这样,孩子才会感受到父母的爱心。

②父母要清楚倾听的目的。倾听就是要真正了解孩子的思想和感受,所以,父母要让孩子把自己的心事说出来。对此,父母应该表示理解而不是要批评。

③父母要认真体会是不是听到了孩子的心声,孩子对自己是不是没有保留了。

④父母要帮助孩子更深入、更具体地去面对这些问题。

下面有父母与青少年子女成功沟通的几个例子。

例一:女儿闹情绪

十五岁的倩倩因为父母带她的妹妹去动物园,带弟弟去溜冰而心感不平,对父母抗议道:"他们真好,我像他们那么大时,你们从没带我去玩儿。"

母亲:"你小时候很虚弱,经常生病,医生不准你去玩儿,记得吗?不过那时我们也带你出去玩儿过几次。"

倩倩:"没有,我不记得你们带我出去玩儿过。"

母亲:"再想想,一次带你去马戏团看表演,一次带你去南部旅行。"

倩倩还是噘着嘴,表示不高兴。此时,母亲改变策略,顺着她说:"你的说法没错,你是比他们玩儿得少得多。"

倩倩:"对啦!"

这样才停止争论。

可见,青少年在闹情绪的时候,跟他们讲道理可能不会获得好的效果,最好的对策是平息他们的情绪。

例二:孩子不想起床

闹钟响了很久邹小毅还没起床。母亲喊:"七点半了,该起床了,小毅!"

他不高兴地答道:"我知道。"

母亲:"这种大冷天,清早就要爬起来,真难为你!给你煮杯牛奶冲鸡蛋,好吗?"

儿子:"不,下碗面就可以了。"

他自动起来了,可是还有点不高兴,埋怨地说:"我讨厌这么早去上学。"

母亲:"可是一到学校,就可看到熟悉的同学,下课后大家一起玩儿,多好。"

儿子:"那倒也是。"

于是,他马上吃完饭,穿好衣,上学去了。

上面举了一些例子,说明父母在哪些方面需要改变及他们在改变方面所取得的成绩,他们的改变促进了家庭的融洽和睦,大家可以借鉴。

27. 孩子不能太听话:男孩淘气好,女孩淘气巧

中国的孩子从小听得最多的词儿便是"听话";他们较早接受的观念之一就是"淘气是不好的"。因此,中国孩子最大的缺点是"缺乏独立性"、"胆小"。从现代教育的眼光看,应当重新审视这种使用频率最高的家庭语言。

《少年儿童研究》杂志曾经推出这样两句话:

淘气的男孩是好的,淘气的女孩是巧的。

这家杂志还提出:"听话"的儿童是问题儿童。

为什么说"听话"儿童是问题儿童呢?我们稍加观察即可发现,所谓"听话"儿童一般不提问题,更不与长辈争议。实际上,只强调"听话"容易培养儿童的奴性,使其毫无独立性,对所有问题缺少个人见解,对邪恶势力无力抗争,以至人格扭曲,成为"问题儿童"。媒介

第二章
树立管理的观念，把握孩子发展大方向

中经常报道，某某模范人物自杀或犯罪之类，往往是由问题儿童演化为问题大人的。但是，这个问题至今也未引起人们的警觉，更显示出此问题犹如潜伏的癌症一样可怕。

教育家陶行知先生曾有"六大主张"十分精辟，他提出：

解放儿童的头脑，使其从道德、成见、幻想中解放出来；解放儿童的双手，使其从"这也不许动，那也不许动"的束缚中解放出来；解放儿童的嘴巴，使其有提问的自由，从"不许多说话"中解放出来；解放儿童的空间，使其接触大自然、大社会，从鸟笼似的学校解放出来；解放儿童的时间，不过紧安排，从过分的考试制度下解放出来；给予民主生活和自觉纪律，因材施教。

我们常听见一些父母在斥责孩子时说："难道连父母的话你都敢不听了？"这当然也是父母被不肯听话的孩子气得没有别的办法时才说出的气话，而且它也似乎成了父母对付不听话的孩子的最后一张王牌。

这是一句强迫的话，而且还带有威胁。如果孩子很小，是个小学生，孩子听了可能会真有些惧怕，因而也会屈从。但是，这种王牌、这种强迫加威胁用久了，对孩子的头脑、思想的发展都会造成一些消极的影响。

"连父母说的话你都敢不听！"这话背后的意思就是父母所说的具有绝对权威，而且也是绝对正确的，你必须服从，不容讨价还价，这是显示父母权威的一种恐吓行为。这是父母要求孩子们绝对服从。平日我们所常说的"听话"，实质上就是服从。

这种话会妨碍孩子完整人格的发展，影响他们思考力的发育和成长。他们可以成为父母眼中的乖孩子，但同时也可能变成毫无判断能力和无法独立生活的人。

"不容讨价还价"，"不容争辩"——这常是我国父母对子女的要求。而在欧美，父母对待子女的态度、教育子女的方法就大不相同。他们不主张强迫，更不主张威胁。在子女不听从父母的劝告的时候，他们先了解孩子的心理，倾听孩子的意见，然后再告诉孩子"为什么应该这

样做",直至孩子心服口服为止。

因为孩子小,不容易理解父母话中的道理,这时父母就要耐心地说明自己的看法和要求,让孩子认同父母的道理,进而知道什么是对是错,什么是好是坏。久而久之,孩子自然而然便能养成自己判断的能力了。

相反,不加以任何解释,不作耐心的说服,只是说"难道你连妈妈说的话也不听吗?"以此强迫孩子服从。他们并不知道父母是对的,以及对在什么地方;自己是错的,错在什么地方。孩子盲目服从,也就无从养成自己的判断力。更坏的情况是,有的孩子不服从,消极地或公开地与父母对抗。

抓住天才成长关键期,让孩子身心健康

心理素质包括情感、意志、个性、健全人格等方面。越来越多的人认为,心理素质各方面能否和谐发展将比智能水平的高低更能影响一个人的成功。父母的管教态度足以影响子女的心理因素。过于溺爱或放纵的父母,会导致子女缺乏自信、反抗、自卑;过于权威的父母,则会导致子女消极、恐惧、畏缩的态度。而民主、宽容的家庭气氛则使孩子乐观、自信,这是孩子走向成功所必须的。

28. 以退为进,让孩子安全度过断乳期

2~5岁是孩子心理发展的一个特殊时期,孩子勺子都拿不好,却偏偏要自己吃饭。不准他这样,孩子就会又哭又闹,没完没了。在孩子的心理发展过程中,这是孩子的第一个特殊的心理发育期,心理学上称之为"心理断乳期"。在这一时期,父母采取的方法不同,就会收到截

第二章
树立管理的观念,把握孩子发展大方向

然不同的教育效果。

你整天和孩子在一起,发现不了孩子的很多变化。其实孩子的变化是很神奇的,整天躺着吃奶、睡觉的婴儿不久就会成为咿呀说话、到处乱跑的幼儿。细心的父母会发现,孩子真是"一天一个样"。

随着孩子语言能力的提高,父母常常会惊奇地发现,孩子突然能说出很多父母从来没有说过的话。孩子对任何事物都想问一个为什么,什么事都想"插一杠子",总会说"自己来"。这些都是由孩子的神经心理发育的阶段来决定的。到了这个阶段,孩子不再是"看到妈妈喊妈妈"的简单的认识性记忆,而已经具备了回忆性记忆。他们对周围环境开始探索,对一切东西都充满了好奇心。但是此时孩子对外界环境的理解主要是动觉与视觉的联系,因此他们很喜欢爬高走险,做一些很危险的动作。

怎样正确对待孩子的这一切,这是很重要的。

天下的父母都希望自己的孩子能够"成龙",很早教他们背诵唐诗,认识汉字,以为这就是所谓的"早期教育"。实际上,这只是一种简单化的"早期教育",仅仅如此是完全不够的。实践证明,在这个年龄阶段,这种教育的作用是很小的,2～3岁的孩子还不能理解有些比较深奥的东西。这阶段,孩子的长久记忆还不发达,长大以后是会遗忘的。

2～5岁是孩子心理发展的一个特殊时期,从前听话的孩子也会变得有些调皮、不听话了。虽然这些表现在不同的孩子身上存在着差异,但这是一种普遍的现象。

如果父母不问青红皂白,一味地耍"父母威风",态度过于僵化刻板,方法简单粗暴,常会导致孩子更强烈的反抗,从而成为孩子不良性格的基础,甚至直接导致他们退缩、孤僻等性格的形成。如果能够正确认识孩子这一特殊的心理发展时期,采取以退为进的方法,在孩子不听话、固执己见时,暂时依着他,然后循序渐进、因势利导,使其顺利度过这一时期，则不失为对他们的成长既有效也有益的做法。

资料表明，有的父母对孩子什么事情都想试一试感到很不安，害怕孩子弄脏了手、脸、衣服或身体，害怕他们发生意外，害怕他们打破东西。一句话，父母就是对孩子不放心、不理解。

这些做法是不正确的，对启发孩子的想象能力、创造能力和动手能力等都是很不利的。

父母千万不要小看这个时期的孩子。三岁以前，孩子已经有很多生活经历，这些经历就是对他们进行教育的坚实基础。这就是人们常说的非智力因素的开发，比如求知欲、想象力、观察能力等等。这些能力对孩子今后的发展意义重大，而会背几首唐诗和认识一些字却是微不足道的。

如果父母能利用孩子生活中的经历加以积极的引导，就可以帮助孩子在三岁以前获得一种对问题的理解能力。例如：给孩子洗澡时，可以鼓励孩子用各种不同容器盛水，通过把容器装水的多少来体会容器的大小；也可让孩子把小船、鸭子、装满了水的瓶子放在水中，有的可以浮在水面，有的沉入水底。从这些"试一试"的游戏中，父母也可以更多地了解孩子的思维能力和参与习惯。

父母应该特别注意，在这个黄金时代，千万不要打击孩子的创造力。创造力是人类最重要的能力之一，社会的发展、文明的进步都必须依靠人类的创造力。如果父母不在这个时候鼓励和开发孩子的这种能力，这将是很遗憾的一件事。

29. 以柔克刚，帮助孩子度过心理危险期

12～15岁是孩子心理发展的危险期。这是青春发育期，也是孩子最容易出现各种问题的时期。一直很听话的孩子也变得不太听话了；父母教育他，他不但不听，还常常对父母发脾气；做什么事都爱我行我

第二章
树立管理的观念,把握孩子发展大方向

素,情绪易冲动等等。可以说,这一时期也是他们最不安定的时期,父母必须高度注意这个时期。

在一次心理咨询时,一个孩子的妈妈对我们说:"我的儿子欣欣小时候很聪明,小学成绩好,也很听话。可是上了中学以后,光喜欢听流行音乐,玩游戏机,学习成绩下降。我们大人讲讲他,他总要和你顶嘴,真让人生气!"

刚念初中的孩子,显著的特点就是"变"。生理上在变,孩子开始发育了;心理上也在变,父母会发现,不知从什么时候起,孩子不听话了,你往东,他偏往西。

在这个时期,孩子对母亲唠叨的管束和父亲呆板的说教深为反感。因为,此期的孩子已经进入青春发育期,突出表现是具有逐渐增长的成熟意识,但社会经验不足。个体的长大和生理的逐渐成熟使孩子认为自己已是大人了,但心理上又摆脱不了孩子的习惯和幼稚行为。这种不和谐的矛盾使孩子产生了心理上的"自我不协调"的冲突,潜意识地憎恨自己的软弱和无能,进而仇视父母的管束。

危险期孩子的表现为情绪急躁,有时非常自信,有时却非常自卑。有时莫明其妙向父母发脾气,做什么事都我行我素,不愿意与父母商量,富于冲动和冒险性,用反抗来探索自己的价值与力量。这种情绪的变化正好反映了他们认识上的不足,如处理不当,极易导致各种心理障碍,严重的会离家出走,甚至自杀等。

因此父母应更加慎重,多想办法与孩子沟通思想与感情,做到既是孩子的父母,又是他们的朋友,决不能简单地压制。父母可以帮助他们选择好的朋友,同时注意青春期与异性交往的问题,既不能管制,也不能放纵,而要正确地加以引导。儿童少年的反抗性是正常的心理发展过程,并不是坏事。这种反抗是青少年人格第二次诞生时的阵痛,是既想脱离父母,又舍不得脱离的矛盾心理状态。如果父母横加干涉,孩子会更起劲地"反抗";反之,在父母的冷处理下,孩子却会悄悄地向你请教。因此，做父母的要善于利用孩子的反抗与服从、自主与依赖的矛盾心理，因势利导，让孩子顺利度过"第二反抗期"，这对孩子的心理健康及成材都大有益处。据跟踪对比研究：高反抗孩子中84%的人意志坚强，有主见；低反抗孩子中只有26%的人才具备这种能力，而大多数不能独立承担任务，做事不果断。

父母应当认识到：子女是独立的个体，他们有自己的追求和希望，不能将自己的好恶强加给子女。这样同时减轻了父母和孩子的心理压力，使子女可以花更多的精力去寻找自己的追求，取得事业的进步。

在这一时期，如果教育方法不当，就有可能导致孩子各种心理障碍，严重的还有可能导致孩子离家出走，甚至出现我们父母不愿意看到的更为严重的后果。因此，在教育的过程中，除了因势利导外，还需特别慎重。父母应尽量与孩子多沟通，多交流，了解他们的心理，掌握他们的思想动态，融洽与孩子的感情，切忌采取简单的压制办法。

事实证明，简单的压制不但收不到良好的教育效果，反而会适得其反。这就要求我们要恰当地把握好一个"度"。既不能让孩子感到害怕，又不能放任自流。只有这样，才能促进他们心理健康地成长。

从小学进入中学，对孩子来说是一个飞跃。他们认为自己已经不是小孩子了，独立活动的愿望变得越来越强烈。他们一方面想摆脱父母，自作主张；但另一方面，又必须依赖家庭。这个时期的孩子由于缺乏生活经验，不能恰当地理解自尊，强烈要求别人把他们看作大人。如果这时父母还把他们当孩子来看待，他们就会厌烦，就会觉得伤害了他们的自尊心，就会产生反抗的心理，萌发对立情绪。难怪此时，父母常常抱怨孩子越来越不听话，孩子却说父母唠唠叨叨，真烦人！

这个时期的孩子，尽管自我意识发展了，但自我控制能力还很差，

第二章
树立管理的观念,把握孩子发展大方向

常会无意识地违反纪律。他们喜欢与人争论,但论据不足;喜欢发表见解,却又判断不准;喜欢批评别人,但又片面;喜欢怀疑别人,却又缺乏科学依据。

因此,父母仅满足于表面上了解孩子是不够的,而必须学习一些心理学的知识,必须了解"心理危险期"的实质。心理危险期的实质是,青少年随着身心的成长发育,逐渐从依赖于父母的心理状态中独立出来,自己判断、解决自己所面临的新问题。这是一个人的社会化进程,是一个人从幼稚到成熟的转折时期。因此,一方面,父母要看到孩子在成长,要尊重孩子的自尊心,要与他们建立一种亲密的平等的朋友关系。要相信孩子有独立处理事情的能力,要尽可能支持他们,尤其在他们遇到困难、失败的时候,父母应鼓励、安慰他们,帮助他们分析事物、明辨是非、正确处理。另一方面,父母又不能过于迁就孩子的不合理的要求和不良的行为,以防孩子以后总是用反抗的方式来要挟父母以达到自己的目的。对于比较严重的反抗行为,父母可以采取奖赏训练的方法,强化孩子的顺从行为。

青春期的孩子情绪很不稳定,他们有反抗权势和习俗的倾向。

因此,孩子们常表现出很多怪异行为,看了叫人心烦,令父母们难以容忍。譬如:咬指甲、抠鼻孔、啃手指头、抓耳朵、干咳嗽、斜眼看人、擦鼻子、全身乱动;或是成天躺在床上两眼望天,手里不停地玩儿一件东西;或是一天到晚不停地抱怨,仿佛一切都令他看不顺眼,房子旧啦;衣服差啦;老师不好啦;父母是老古板啦,等等。

他们的坏毛病、坏习惯也一再重犯。早上大睡懒觉,晚上借口念书和洗澡,拖到深更半夜不睡觉。父母说他,他就生气,他会跟父母强辩,或是故意曲解父母的话。

青少年孩子们的言行虽然如此不正常,但父母也不必惶惶不安。孩子们仍然是有理性的,因为是他本身的发育促使他的行为。青春期的作用就是要瓦解他已经成型的性格,接受必需的改变:从成型状态(儿童

时期）经过瓦解状态（青春期）到再定型状态（成人时期）。每个青少年在青春期间都要重新养成他自己的性格，必定要从父母替他塑造的儿童期中挣脱出来，使自己焕然一新。

因此，他们有些怪异行为是可以理解的。

青春期是动荡不定、迷惑和苦恼的时期，同时希望无穷。情感强烈的时期是引起社会关切、个人极端痛苦的时期，也是心情矛盾、喜怒无常的时期。

有一个著名的心理学家曾说过：

处在青春期阶段的男女，言论和行为互相矛盾、变化莫测，这并不奇怪。他们在成长，在塑造成人期的性格，不停地在体验自我，要尝试各种各样的可能性。所以，他们容易冲动，尽管他们也知道冲动不好，应该克制，在公众面前不愿亲近父母，但他们内心的隐私还是只想向父母倾诉；表面上在处处模仿名人，私底下却又想标新立异，另创一套；有时表现急公好义，乐于助人，为社会、为他人，无私地做奉献，但有时又显得自私自利，冷酷无情，一心一意只考虑自己的利益，而毫不顾及集体的利益。

在一所高级中学，有位教师找了几位高一的学生谈心，要那几位学生谈谈他们最近的心理活动，毫无例外，这些学生心理都很矛盾。

有个男生说："我近来心情很苦恼、很矛盾。因为，在内心深处，常有些欲望和冲动在燃烧，在折磨自己。想尝试，不太敢；想克制，又克制不住。"

有个男生说："也许我这个人精力太旺盛，总想找个机会去亲自尝试一下人生各种酸甜苦辣，去实际做些事情，哪怕是发泄一下也好，而不愿只听一些不着边际的空谈。"

有个女生说："不知为什么，现在我经常做一些连自己都莫名其妙的事，被别人看成神经质，喜欢装模作样，自己难以理解，一点也不愉快。"

第二章
树立管理的观念,把握孩子发展大方向

对处于心情不定、常自相矛盾阶段的青少年,要理解他们,掌握他们的心理特点,不要横加干涉,一看不惯,就动辄斥骂,不妨顺其自然,听其自便。他们好活动,就让他们去动,喜欢孤单的,内心有种种隐私的,暂时也不要多过问。

青少年在什么情况下,内心渴望别人了解?在什么情况下,又不愿让人窥其内心隐私呢?

这是件困难而又微妙的事,父母再聪明,也难掌握,那又何必太操心,反而使孩子不高兴呢?对孩子的反常行为,暂时容忍,并不是表示赞同,正如医生从不拒绝病人的要求,哪怕感到它不合理,只因为他们是病人,但绝不鼓励也不赞许。暂时的容忍,就是在尊重理解孩子的个性和心情基础上,再寻找恰当的时机,进行有效的帮助。

在这个阶段,要特别预防孩子出现闭锁心理。

很多经过这个阶段的父母可能都遇到过这样的情况:孩子到了一定年龄就会自己把自己封闭起来,不愿与父母一起出去玩儿,不愿与父母谈心里话。这样的孩子甚至有时候对父母的教育也表现出很不耐烦的情绪,而经常把自己关在自己的房间里,连自己的东西也不允许父母动一动,看一看,开朗的性格一下子变得孤僻起来。

对此,很多父母感到莫名其妙,一直追问"这是怎么回事"!

从心理学角度看,孩子心理和言行的这种变化是青少年心理发展过程中的一种常见现象,称为"心理的闭锁性现象"。

产生"闭锁心理"主要有以下两个方面的原因:

(1)孩子的独立意识的增长

孩子到了青春期,抽象思维能力逐渐加强,就会积极地用自己的心去体验外部世界。这个时期,孩子对父母的依赖性逐渐变弱,有时会做出一些所谓"小大人"的举动来。这个时期的到来,标志着一个人走向成熟的开始。但是由于此时的孩子对许多事情都把握不准,因此常常会发生把自己与父母对立起来的行为。

（2）孩子自我意识的发展

此时孩子的智力已经发展到相当高的水平，自我意识已经完全能够将自我与他人、自我与客观世界区别开来，而且还会发现自己也有许多独特的观点和很好的想法。但是，此时的孩子自尊心都比较强，担心自己的想法会引起父母或别人的耻笑或轻视，所以就小心翼翼地将许多内心的想法作为秘密闭锁起来。同时，这个阶段的孩子却又有渴望被人接近与理解的心理矛盾，因此，写日记成了他们倾述内心秘密的重要形式。

父母应该清楚，孩子出现这样的心理闭锁现象很正常的，父母应该对此进行妥善处理。如果父母对此一无所知，对孩子的这种心理变化处理不当，就会对孩子身心健康产生不良影响，如：孩子心理上产生不同程度的、间或出现的孤独感，一定程度的反抗情绪等。如果父母任其发展下去，个别孩子甚至会性情孤僻，长时间地将自己闭锁起来，最终形成有缺陷的人格。

父母要充分理解这个时期孩子所产生的闭锁心理，要为孩子创造条件交正派的朋友，要引导孩子相信父母、老师和其他正派的人。当孩子有想不通的问题的时候，要鼓励孩子大胆地向别人倾述，让孩子把不愉快的情绪尽快宣泄出来，不要让这些问题长期困扰着孩子。

同时，父母还要积极鼓励孩子参加各种文娱体育活动，让孩子在活动中尽量放松自己的心情。

父母不要对孩子的这种举动大惊小怪，要给予孩子更多的关心和爱护，可以经常找一些孩子感兴趣的话题，与孩子促膝谈心，使孩子早日走出闭锁心理的圈子，让他快些成熟起来。

父母要学会尊重孩子，因为孩子已经长大了。

父母也许会发觉，尽管过去对孩子的奖赏很有一套，然而这往往在孩子进入青春期时便面临相当的考验，以前孩子甘之若饴的奖赏，此时可能对其产生嫌恶的反应，到底是为什么？

第二章
树立管理的观念，把握孩子发展大方向

这是因为，青春期的孩子自我观念强烈，对父母的要求和期盼往往会加以反抗，但这也表示孩子已经长大了，对事物有他自己的看法。

面对青春期孩子的反抗心理，父母们不必过于紧张，事实上，如果过去的所有奖罚都适当而且合理，如果孩子的行为早已塑造成型，往后他还是不会脱离基本的轨道。所以，最重要的还是在于对幼儿的训练过程。

青春期的孩子不接受父母的奖赏，大部分问题在于父母的表达方式，孩提时代被大伙儿称赞的骄傲滋味，现在对他而言可能是一项莫大的耻辱，也许是因为害羞，觉得太与众不同了，于是就加以拒绝。所以，父母应该改变管教态度。面对青春期的孩子，父母要站在帮助他判断是非善恶的立场上，辅导他对事物的处理和解决之道。对于奖赏，精神上的要比物质上的更有效果。

这是人的成长过程中非常重要的时期。这时的心理状态发展如何，往往会影响到人的性格的形成和健康发展。因此，帮助孩子度过这两个时期就显得极为重要。

父母可以采用下面的方法：

（1）尊重孩子，让孩子选择

处于反抗期的孩子不喜欢有人吩咐他做某件事或被迫接受某种意见，哪怕这些意见和行为是正确的。这时，你可以把自己所企盼孩子接受的做法与其他几种可能摆在一起让他选择。孩子在你规定的范围内行使了自主权，既让他表现了独立性，又往往能心甘情愿地顺从你的建议，双方皆大欢喜。

（2）转移孩子的注意力

如果孩子执意反抗，父母就必须想办法转移他的注意力，例如：给他心爱的玩具或卡通，待其情绪好转时再与他沟通。不要非强迫他顺从你不可，更不要威胁他或利诱他。巧搭梯子，让孩子自然下台。孩子有时是为了逞能而耍犟，这时，你要顾全他的面子，帮他搭梯子，让他体

面下台。如果他考试成绩一落千丈，你不能对他嘲笑讽刺，否则会适得其反，迫使孩子走上"反抗不归路"。

(3) 多给孩子一些爱

一些心理学家强调，要使孩子服从、不反抗，就必须给他们多一点爱、关怀与了解。事实上，反抗的行为几乎经常发生在每一个家庭，然而，一个苛求、缺乏爱的家庭似乎更易养成孩子叛逆的心态。家长应忽视缺点，赞扬优点。假如你希望孩子的错误行为不再发生，你就得狠下心来，忽视一切的错误行为。除了忽视他的错误行为外，你还得去夸赞他一些良好的表现。赞扬本身虽然只是一件小事，但对孩子而言，它已代表了你对他的爱、关怀与注意，以后他会乐于服从的。父母切记，处罚绝不是办法，因为这会阻止孩子发展自我意识。

(4) 因势利导，不要破坏孩子高兴的情绪

有时孩子玩儿得正高兴的时候，父母突然打断并要求他做他不愿意的事，这会是引起孩子反抗的导火线，甚至还会使孩子发展到与父母对抗。近来报刊上不时披露的青少年离家出走事情，不少就是孩子在感情上与父母疏远、对抗而采取的极端之举。两代人应当相互尊重各自的秘密，并将此视为尊重他人人格尊严的重要内容。尤其是父母要尊重孩子的权利，不偷看孩子的日记和信件，不偷听孩子的电话，不强迫孩子说出不想公开的秘密。

当然，父母负有监护人的责任，但这种监护是监督与保护之责，是以尊重为前提的。父母的权力在于通过自己的教育影响，使孩子能够独立面对秘密并从容、恰当地处置。如此正确对待、巧妙实施，可以帮助孩子健康、自信地度过人生的两段关键时期。

从这个阶段起，尊重孩子是独立的个体的事实，培养他们的责任感，才是父母最重要的任务。

第二章
树立管理的观念,把握孩子发展大方向

30. 孩子心灵是净土,受到污染难治理

在认知、情绪、性格、社会品德和生活习惯等方面,青少年可能经常出现不适应环境与社会的不良心理,其表现为认识混乱、情绪异常、品德偏差和行为失控,严重者还会出现生理疾病。因此,父母要特别注意孩子的心理健康。

在一个家庭中,如果父母或其中一方有心理不健康问题,就容易构成不健康的心理气氛,形成特定的心理环境,并对其子女产生影响,从而对子女的心理造成污染。

健康心理的污染其主要表现如下:

(1) 认知方面的"心理污染"

父母不健康心理往往表现出认识混乱。比如歪曲现实,看法过于偏激,秉持错误的价值观、消极的人生观和世界观。父母这种不健康的思想观念和认知方式很容易对其子女的认识过程和思想观念产生污染。比如,有的父母"金钱万能"、"利益至上"的错误思想对子女产生"污染"后,导致孩子在学校采取不合理行动。

(2) 情绪方面的"心理污染"

父母不健康情绪表现为对人对事不正常的态度和情感,甚至产生过度焦虑、敏感、多疑、担惊受怕、烦躁不安等。这些不健康情绪常常影响其子女的思想感情,随着时间的推移,有的子女在处理事情时就会不知不觉地与其父母具有"同感"和抱有同样的态度。

(3) 性格方面的"心理污染"

父母心理不健康在性格上表现为对人粗暴,遇事爱发脾气,或表现出畏怯退缩、抑郁、孤独和过分软弱、怕事等。这种性格如果在家庭中经常处于主导地位,就会直接影响孩子良好性格的形成。

(4) 社会品德方面的"心理污染"

父母心理不健康更多在反映在社会品德方面，表现为不诚实、造谣、偷窃、做事不择手段等。这些品德极易被那些缺乏辨别能力和难以抵挡诱惑的孩子所接受。例如，有的父母常从单位拿东西回家，还洋洋得意，结果成了子女捡到东西不还或进行偷窃活动的根源；有的父母在同事或领导面前说谎话，还自以为高明，而子女又模仿其办法欺骗父母和老师。

（5）生活习惯方面的"心理污染"

父母要有正确的世界观和价值观，正确处理个人与他人、社会的关系。同时，要形成良好的心境，使心理上有轻松感和快乐感，从而减少心理冲突，避免各种"心理病变"。这样，就可以消除和避免对子女的"心理污染"。

父母是孩子的第一任教师。良好的教育方法、良好和谐的家庭气氛对孩子的心理成长是十分重要的。1~2周岁的幼儿没有辨别事物对错的能力，因此父母要逐一地告诉孩子什么是对的，什么是错的，什么事情能做，什么事情不能做，要鼓励孩子去探索，做对的要给予言语的鼓励，做错的要讲明道理，让孩子知道错在哪里，从头再来，直到把事情做好为止。

对孩子合理的要求要尽量去满足，对不合理的要求要讲明道理，坚决拒绝。一切顺从孩子的意愿、溺爱或粗暴苛求都会对孩子的心理发育产生不良影响。对幼儿耐心地讲道理是件十分有意义的事，幼儿虽然对父母讲的道理可能不甚明了，但长此以往，孩子就会逐步明白这些道理。遇事给孩子讲道理对培养孩子平和的心态很有好处，在孩子长大后，他也会以讲道理的方式去处理问题。

当然，很多父母一味纠正他外在的偏差行为，那只会导致与青少年子女的疏离。因此，当孩子们需要理解时，尤其在他们闹情绪时，父母更要理解他们、同情他们，真心诚意去帮助他们，这样才能平息他们的情绪，收到好的效果。当然，施教要因人而异，不可千篇一律。

第二章
树立管理的观念,把握孩子发展大方向

31. 孩子心灵需爱护,心理虐待要不得

不要以为心理虐待没有什么要紧,其实这造成的伤害甚至还大于体罚所造成的伤害。缺乏父母关怀爱抚和鼓励的幼儿比遭到父母体罚的幼儿,其心灵所受到的创伤更深,智力和心理发展所受的损失更大。遭受心理虐待的孩子更容易误入歧途,诱发严重的社会问题。

心理学上有一个术语叫心理虐待。把心理虐待一词用在父母身上有些耸人听闻,其中一些虐待是故意的,法律上明确规定了的,比如毒打;有些则是没有明确的法律规定的,但是这些行为对孩子的身心发展很不利,我们也称之为虐待,包括精神上的虐待。

所谓"心理虐待"又称"心灵施暴"或"情感虐待",是指那种在幼儿教育过程中有意无意地、经常性或习惯性地发生的伤害性的言行。心理虐待对儿童造成的伤害不像体罚那样显现在外表,在短期内难以看到其负面影响,因此不易引起人们的注意,更难以对其进行量的统计。然而心理虐待给儿童造成的伤害与体罚一样严重,甚至还大于体罚所造成的伤害。

目前最令人悲哀的是这样一种现象:父母往往物质上对孩子无微不至,而在心理上对孩子却很吝惜,甚至刻薄。

例如以下的做法,对孩子的精神发展非常不利。

(1) 对孩子冷漠

爱的剥夺对孩子的心灵伤害至深。有的父母不缺孩子的吃穿,却对孩子不管不问,不拥抱孩子,不和孩子一起玩儿,视孩子为负担,把孩子扔给保姆或者爷爷奶奶。这样的条件下长大的孩子感到生活根本就没有意义,对人缺乏信任,冷漠,破坏欲强,容易和其他遭遇相似的孩子混在一起,形成犯罪小团伙,也容易被其他的成年犯罪分子所谓的关心拉下水。一个缺衣少食、干重活的孩子,如果有温暖的家庭,不会造成

心理上的不健康，而如果情况相反，孩子的人格发展极有可能出现问题。对孩子幼小的心灵来说，"有奶未必是就是娘"。

（2）隔离孩子

美国曾经有一个极端的案例：一个出生后1年多就被关在小厕所的女孩，在10多岁被发现时，身体发育、智力发育只相当于几岁的孩子，连说话都不会。现在有些父母担心孩子出外不安全，把孩子关在家里，孩子孤单得不得了。在幼儿园、小学阶段，孩子们就可能受到人际关系问题的困扰。

（3）剥夺孩子玩游戏的权力

孩子的天性就是爱玩游戏，在游戏中，孩子得到快乐。现在的父母往往对子女期望很高，让孩子每天都是要么做作业，要么参加各种各样的辅导班，让孩子每天忙得喘不过气。不让孩子玩儿的另一个后果是导致孩子厌倦学习。父母剥夺了孩子游戏的快乐，也使得学习中发现新知识的快乐变成了负担。

（4）忽略孩子的进步

在孩子看来，每当他取得一点进步，就值得好好高兴一番。有的父母不懂从孩子的角度来看问题，或者担心孩子听到表扬之后骄傲，就老是批评孩子，不把孩子的进步当回事儿。久而久之，孩子也会认为自己真是没有用，丧失进步的动力。

（5）损伤孩子自尊

有些父母在孩子的同伴面前，毫不留情地数落孩子，揭孩子的短，让孩子感到无地自容，这也容易让自己的孩子成为小伙伴们嘲笑的对象。社会心理学有个术语叫做"标签效应"，意思是说，对人的看法就像给人贴了一个标签一样，使得此人以后做出与标签相符的行为。父母当众说孩子调皮不听话，就是给孩子贴一个标签，以后即使孩子有了改变，别人对孩子的看法还是很难改变。

第二章 树立管理的观念,把握孩子发展大方向

（6）迁怒于孩子

有的夫妻因爱成仇，离婚后不许孩子和另一方接触，在孩子面前辱骂另一方。孩子看到自己最亲爱的两个人如此相待，哪里还会相信有真正的关爱？还有的夫妻每当看到孩子就想起对方，不由得怒从心中来，责骂孩子，孩子会觉得自己是多余的。这样的孩子缺乏安全感，容易出现行为问题，将来到了谈婚论嫁的年龄，虽然心中渴望爱情，但是又心怀恐惧，在感情问题上非常敏感，也容易出现问题。

（7）破坏孩子心爱的东西

小孩子往往有个百宝箱，里面装满了他心爱的东西。另外，孩子对小动物的喜爱、亲近更是一种天性。父母在看待这些东西时，往往会觉得那简直就是一堆破烂。

有的父母不仅自己动手，有时还逼着孩子亲自扔掉、破坏掉这些东西。现在的孩子多有玩具、宠物，有时候扮演了孩子的朋友的角色，孩子无微不至地照顾宠物，对玩具娃娃小心呵护，实际上是在锻炼如何去关爱。

很多父母都抱怨，孩子长大后不知道如何爱别人，不懂得体贴别人，却没有想一想，在孩子小的时候，父母有没有有意识地引导他如何关爱？

32. 父母学会冷处理，孩子拥有好情绪

一般来说，孩子对自己情绪的控制能力是比较差的，他们时不时地发些"小脾气"是常见的事情。有时候，这也不是什么异常现象，也不需要特别地加以"控制"，父母采取视而不见的冷处理方法，孩子的脾气可能很快就过去了。

如果孩子发一点小脾气，父母自己不进行"情绪控制"，反而对孩子不一定有好处。只要孩子的脾气不是太过火，对别人不造成损害，父母就可以泰然处之。如果这样，孩子就会发现，发脾气并没有什么好玩

儿的，脾气可能就会越来越小，最后也许就"没脾气"了。

培养孩子控制情绪的能力，应该尽量使孩子在合理范围内有充分表达情绪的权利，因为如果孩子能够充分地、合理地发泄自己的情绪，这正是孩子心理发育健康的标志。

但是孩子毕竟是孩子，情绪表达的方式难免偏颇，有时会产生一些对己和对人都不利的情绪。比如：孩子因为发脾气与别的孩子争吵打架，就可能伤着自己或对方；对着长辈或老师发脾气，就是不礼貌的行为；或者脾气上来的时候，碰头捶胸、摔砸物品等都是不合情合理的。

如果孩子发生这些情况，父母就不能视而不见、采取冷处理的方法了，而应该采取一致意见进行严厉制止，让孩子知道发泄情绪也应有一定的限度的：发泄情绪不应损害别人的利益和损害物品。对大一些的孩子父母要尽量鼓励孩子用语言表达自己的情绪，告诉他情绪不好的时候要讲明道理，说出原因，不要动不动就胡搅蛮缠，大发脾气。

在日常生活当中，发生一些不愉快的事情是很常见的。这些事情常常都会影响一个人的情绪，特别是遭受挫折等方面的事情。人们会因此沮丧、抑郁，孩子也不例外。比如孩子考试没有考好，没有评上好学生等，这时比较要强的孩子就会出现明显的挫折感，会显得很不高兴，怕同学和老师看不起，也怕受到父母的责怪。这时，孩子就可能表现得话少、紧张、沉默。

如果孩子能够在较短时间内自我调节过来，那么父母不必为此担心。如果孩子经过一段时间还是情绪不好，父母就应该进行有效的干预了。其基本原则是具体问题具体对待，帮助孩子找出失败的原因。找到原因之后，父母不要批评孩子，主要是鼓励孩子以后多加努力。父母如果能够以平常的心态去对待孩子的挫折，孩子就会很好地控制自己的情绪了。

父母可以这样对孩子说："一次考试成绩差一些并不能说明太多问题，也不能代表你就是一个笨孩子，老师也不会看不起你。"必要时，父母可以把对孩子的期望值放得低一些，不要总是要孩子争第一名、第

第二章
树立管理的观念,把握孩子发展大方向

二名。因为第一名、第二名只有一两个,一个人不可能常常立于不败之地。经过这样的疏导和分析,孩子就可能会变得心平气和了,也就没有或少有情绪了。

有时候,可能是因为在某一方面做得很出色而受到某种奖励,孩子可能出现很高兴的情况,这是正常的,父母完全应该让孩子尽情地高兴一阵,并及时对孩子取得的成绩给予表扬。但是,也要及时告诉孩子,不能因为这一点成绩就骄傲自满起来,做人需要谦虚,谦虚才能取得更大的成绩,也才能与人更好地相处。

当然,特别要引导孩子不要"得意忘形","得意忘形"也是一种不良情绪。

要使孩子养成良好的情绪表达习惯,父母首先应对自己的情绪表达方式进行反省,因为父母的榜样作用会在很大程度上影响孩子。

如父母对孩子比较粗暴,动不动就训斥孩子,孩子对各种事情都没有任何解释的可能和发言权,这样就会使孩子缺乏学习用语言正确表达情感的机会,也就有可能最终形成粗暴待人等不良习惯。这样是对孩子不利的,不仅会给孩子的心理造成消极影响,也不利于孩子以后的生活和事业。

心理学研究证明,孩子的情绪宜疏不宜堵。

情绪是体验,又是反应;是冲动,又是行为。它包括人在生理和心理许多水平上的整合,与其他心理过程有广泛的联系。孩子心理的紧张状态和平衡失调往往是与其情绪状态,特别是与消极的情绪状态联系在一起的。如果消极情绪表现过分强烈,或者持续时间过长,或者受到压抑,都会损害孩子人格的成长,引起身心机能的失调。

孩子的喜怒哀乐通常是很真实的,也很强烈,往往直接地支配着他的行为。一件在成人看来是芝麻绿豆大小的事,常常可以激发起孩子十分强烈的情绪波动,甚至引起情绪的"暴风骤雨",且伴随脸谱、声调、手势和姿态的变化。与成人相同,孩子的情绪也有消极情绪和积极

情绪之分。大约1岁左右，孩子的情绪开始逐渐变化，2岁时出现各种基本情绪，即愤怒、惧怕、焦虑、悲伤等消极情绪和愉快、喜悦、欢乐等积极情绪。积极的情绪对孩子的身心发展能起促进作用，有助于孩子潜在能力的发挥；消极的情绪则可使孩子的人格建构受阻。

一个人情绪反应的强度和持久程度，在一定程度上取决于他对于触发情绪反应的情境的理解、认识和评价。年龄越小的孩子，对情境的理解、认识和评价会越多地取决于其基本需要是否得到满足。一个两岁多的孩子，可以因为妈妈不给他一颗糖果而嚎啕大哭，也可以因为后来得到糖果而破涕而笑，这在成人眼里是不可思议的。

对孩子来说，产生情绪是再平常不过的事了。当一个成人发脾气的时候，旁观者以好言相劝。然而，当一个孩子发脾气的时候，他受到的可能是申诉，甚至会挨打。这实际上是不公平的。孩子在生活中产生的消极情绪，应以适当的方式得以疏泄。

情绪一旦产生，宜疏导而不宜堵截。精神分析学派的奠基人弗洛伊德充分肯定了情绪疏泄对维护心态平衡的作用。他认为，讲出一切来，能减轻精神上的症状。当孩子在遭遇挫折或者感受到不愉快时，让他能够不受压抑地通过语言的非语言或方式表达自己的情绪，可以减轻他心理上的压力。哭是孩子特别是幼儿情绪疏泄的一条重要渠道。几乎每个孩子都采用过哭的方式疏泄自己的情绪，在不少情况下，哭使孩子在紧张状态中变得轻松了一点。有人说过，最残忍的事莫过于不让孩子眼眶里的泪水往下淌。这句话并不是哗众取宠，因为在这种情况下，孩子只能强行压抑自己，其内心不良的情绪体验会变得更加强烈，积压的能量只能伤害其自身。

哭是孩子情绪疏泄的一条重要渠道，是孩子情绪的自然流露，但绝不是惟一的渠道，而且也不是最好的渠道。因为用这种方式疏泄情绪往往不会引起周围人的同情和理解，相反，常使人感到烦躁不安，这样成人就会运用压抑的方式加以堵截。让孩子学习和掌握一些哭以外的合理

第二章 树立管理的观念,把握孩子发展大方向

疏泄自己消极情绪的方法和技能是很重要的,合理疏泄情绪的方法和技能应该是既不影响孩子的身心健康,又是社会行为规范所允许或倡导的。

倾诉,这是合理疏泄情绪的一种良好途径。要让孩子学习在遭遇冲突或挫折时将事由或心中的感受告诉他人,以寻得同情、理解、安慰和支持。孩子对成人有很大的依赖性,成人对孩子表现出的同情和宽慰会缓解甚至消除孩子的心理紧张和情绪不安。即使在孩子的倾诉并不合乎情理的情况下,也要耐心地听下去。至少保持沉默,等待情绪的"风雨"过后,再与孩子细作理论。

转移也是合理疏泄情绪的良好途径。要让孩子学习遇到冲突或挫折时,不要将注意力集中在引起冲突或挫折的情境之中,而应该尽快地摆脱这种情景,投入到自己感兴趣的活动中去。例如,孩子为了玩具而与其他孩子发生了争执,可让他到室外去踢一会儿球,在剧烈的运动中将积累的情绪能量发散到其他地方。

有些孩子会自觉地借助一些消极的心理防御机制去应付压力,疏泄消极的情绪。偶尔地运用一些较少歪曲现实的心理防御机制,能够暂时缓解孩子的心理紧张和不安,但是,如果不适当地、过分地运用一些严重歪曲现实的心理防御机制,则会使孩子陷入更深的心理旋涡之中,造成孩子社会适应不良,从而破坏孩子人格的健康成长。

例如,某幼儿园大班有一个男孩,平时经常暗中欺负其他孩子,大家都畏惧他,对他敢怒不敢言。一天教师让大家集体创作《百猴图》,那个专门欺负别人的男孩画了一个孙悟空,十分得意地把孙悟空剪贴在墙上。那些常被他欺负的孩子们不约而同地都画了手拿金箍棒、大刀或弓箭的孙悟空,个个怒目对视,杀气腾腾,他们又不约而同地把所画的孙悟空剪贴在那个小男孩剪贴的孙悟空周围。当大家看到那个孙悟空被一群手拿兵器的孙悟空团团围住,显得十分狼狈和孤立时,都高兴地跳了起来。

他们借助了孙悟空的手,"报复"了平时欺负自己的孩子,即使他

们"报复"所选择的是替代对象，但是也会像"报复"原来的对象一样，达到了一种心理上的满足。

孩子们因平时所受的欺负而产生的情绪体验总是要千方百计地发泄或表现出来，当他们将自己情绪的发泄对象"移置"到一个合适的替代对象的时候，这种做法就会产生积极的结果。同样的心理防御机制如果运用得不适当，或者过多地运用，往往会带来消极的结果。例如，一个受到父母严厉责骂的孩子，当着父母的面可能会"忍气吞声"，可是一离开父母，他就可能通过破坏玩具或者欺负同伴等方式发泄自己的情绪。由于他"移置"的发泄对象不适当，尽管他的做法使他得到了暂时的满足，但是，他的态度和行为也不能被社会所接受，有可能使他陷入恶性循环之中。

因此，要十分注意孩子是如何应付各种心理压力，疏泄自己的消极情绪的。如果发现孩子经常运用压抑、投射作用、自我惩罚、幻想等方式去解脱情绪的困扰，就应该及时纠正，教导他们以积极的应付方式去替代那些被动的、消极的应付方式。这样做会对孩子人格的健康成长产生十分重要的影响。

第三章
落实管理的行为，纠正孩子不良现象

校正孩子的不良行为，不能靠责骂，更不能动拳头，而需要地是理智地宽容、细心地纠正，让孩子增加信心，确立自尊，走出幽谷，走向光明。

宽容孩子的过失，
　　提高孩子的感悟能力

<u>是孩子就会出现过失，不出现过失就不是孩子。对待孩子的过失，父母最好的方法就是宽容。宽容能够让孩子纠正过失，宽容能够使孩子增加信心，宽容可以使孩子少发脾气，宽容可以让孩子学会克制。孩子感悟到这些过失，他们就会茁壮成长，成为父母理想的人才。</u>

33. 父母应宽容孩子的过失

在孩子成长的过程中，错误或失败是在所难免的。要想孩子少犯错误，免蹈覆辙，父母的态度非常重要。不要"逼"孩子，让孩子走最适合他自己的人生路！即使他只能做一个平凡人，比起把孩子"逼"得脆弱、胆怯甚至走上歧路，也要好得多。

我们虽然主张追求卓越，可是卓越是从平凡开始的，因此我们认为：平凡是一种福分！教育孩子就像种树一样，需要呵护和等候，不要希望树苗在一天之间就长成参天大树。

有一个企业家在回忆录中写道："上小学时，即使我玩儿得过分，成绩退步了，父母也从不严厉责骂我。当我把成绩单交给他们看时，他们看看各门分数的成绩，然后看看我的脸。当然我觉得很不好意思，而且等待着挨父母的骂，然而他们却没有骂我。这样反而使我更加感到愧疚，决心下学期一定要好好读书。"

日本有一届议长在回忆他的童年时也说过："小时候母亲经常要我去买东西。有时我不是买错了，就是买漏了。但是母亲发现后，从不责骂，只是说明天再去买回来。"这样我就养成了把要做的事都写在纸上

第三章
落实管理的行为，纠正孩子不良现象

的习惯。

从上面这两人的回忆，我们可以看出，孩子出现失误，犯了错误，他们自己也是有愧疚之心，有改正的要求的，而且也会想办法改正。问题是父母怎样对待，怎样启发他们认识错误和感到愧疚。我们知道，简单地责骂孩子的错误和失败常易引起孩子的反感，甚至原有反省的，也不去反省了。因而又重犯错误，一而再，再而三。

但是要做到启发孩子的自我反省，信任孩子能改正错误却不是那么容易的。我们日常最常见的是简单地责骂，或者埋怨孩子不听话："你看，我所说的没有错吧！"或者当孩子不听大人的忠告而失败时，父母会说："我的话是对的吧！你总是不听！"

父母想要使孩子确认他们的判断是正确的，从而使孩子对他们听从，他们的用心是可以理解的。问题是这种埋怨和责问实际上等于剥夺了孩子的自我判断，会使孩子丧失自信。有的甚至还会对父母的这种怨词感到反感："什么都是你说的对！"

所以当孩子出了差错，尤其是当孩子反省自己的差错时，父母应保持沉默。当然，有的母亲也会讲，孩子会反省什么过失，他们根本就不会感到愧疚，所以才骂。我们认为，这种看法是不完全正确的，孩子到了一定年龄都会有一定的判断能力，简单的好坏还是能区分的，并且也有一定的自尊心和羞耻感，因而做错了事，由于贪玩儿而荒废了学业，考试不及格，他们是知错并有一定的羞愧的。当然，不同的孩子羞愧的程度不同，这倒是存在的。问题在于怎样启发他们的自尊心、羞耻感，进而使他们反省，自我下决心改正。

日本儿童心理学家和幼儿教育家多湖辉在他一本关于子女教育的专著中曾讲了一件自己的亲身经历。

他念中学时，校风非常严格，课堂上答不出问题，就要留校补课。老师用心良苦，而他却并不感激，而且对老师抱憎恨态度。他一向成绩不好，经常被留在学校，于是只想如何在学校捣蛋。在高年级时，他和

一群劣等生引起了一阵轩然大波：捣毁了存放军训教材和枪械的教室。事后，他们才发现事情太严重，面临退学的危险。回到家里，他准备接受母亲的责打，但母亲却只说："现在你要后悔也来不及了，过去的事已无法挽回。这次滋事的后果，我想你心里有数，所以我也不再说什么了。你可能会被勒令退学，你就想想将来该怎么办吧！"

这些话比任何斥责更令他深感内疚和对不起父母，于是发誓此后绝不再给母亲带来任何麻烦。

同时还应记住一点：人在犯了错误时比任何时候都更需要关怀，孩子更是如此。

因此，如果孩子出现什么过错，最重要的是让孩子明白错在什么地方，为什么错了，然后不再出现同样的错误。遇到这种情况，父母最好的办法就是宽容和耐心。

34. 让孩子吸取教训才能避免不断闯祸

中西方在家庭教育方式上有一个明显的差异：中国注重理论的、宏观的指导，粗线条地讲道理；西方更注重具体的、微观的指导，告诉你具体的方法，让孩子在做的过程中去领会其中的道理。要知道梨子的滋味，就应该亲口尝一尝。吸取教训的过程往往是这样，因此有"吃一堑，长一智"的名言。

有不少父母只从道理上讲该怎么做，如果孩子做错了，稀里糊涂打一顿，打完了孩子还不知自己错在哪。让孩子从体验中去认识道理，他才会记忆深刻。

一个19岁男孩，是一所名牌大学的学生，因偷盗进了拘留所。为什么呢？

因为他对原毕业的中学不满，想通过偷这个学校的电脑施行报复。据说，在偷电脑的时候，他也知道这样做是犯法的，可他还是忍不住要

第三章
落实管理的行为，纠正孩子不良现象

这样做。这其中除了他父母离异，没有人关注他的心理感受外，与我们以往的教育中，细微的体验太少也不无关系。如果他小时候曾因拿了人家一块糖、一块橡皮受到过惩罚的话，他就会体验出为什么不能偷窃的道理。

在国外不少家庭中，孩子无论犯了大错小错，都要受到惩罚（惩罚不是体罚），比如不让看电视，或几天不许到外面和小朋友做游戏等，就是你想做的事不让你做，让孩子在他的行为所产生的后果中来体验对与错。孩子就从这各式各样的体验中，明白了该做什么，不该做什么，以及做什么是对的，做什么是错的，从而一步步明白做人的道理。

孩子在外面玩儿，免不了要闯祸。男孩子在外面玩耍，争吵起来后又打了年纪小的玩伴，结果被打的小朋友的父母来找大人兴师问罪。或者为抢玩具，而弄坏了别人的玩具，甚或踢球玩儿，一脚不小心打坏了邻居的玻璃，父母有时还不得不掏腰包赔偿。这些情况在有孩子的人家都是常有的事。

在以前，当孩子闯祸的时候，多是母亲出来抵挡，总觉得是自己没有把孩子管教好，所以孩子在外面欺侮了小朋友，或打坏了邻人的东西。因而遇到了这种事，做母亲的总是说："妈替你去道个歉，只是你以后不要再打别人！"

当然，为了避免和邻人起冲突，搞好人际关系，父母代孩子道歉偶尔也是可以的。但是对于已经能够分辨是非的孩子来说，做父母的还是应该尽量从旁教育他协助他，使他认识到错误而主动去向受害人道歉，养成孩子自己做的事自己负责的责任感。这样，孩子以后自己也会知道对自己的行为要有所检点。同时，孩子长大了在社会上也会勇于为自己的行为负责；否则，一切都由父母负责，孩子无任何内疚感和责任感，不但不会像母亲所希望的"以后不再犯"，而且会变成一个缺少独立性且无责任感的人。

欧美人士在这一点上就很注意。一位朋友给我们讲了这样一个故事：

有一次，我在一个美国友人家做客。那天，主人还邀请了几个美国朋友，有一位女士带了她的一个四岁的女孩。那女孩子很活泼。在端茶喝的时候，不小心把杯子打破了。这时，她母亲很快地用手帕擦去泼在茶几上的茶水，然后对女儿说："你去向阿姨借一个盘子，把打破的碎片捡起来。然后再向她道歉！"

这件事当时我看了感触很深。要是发生在我们身上，父母肯定就会出来亲自收拾残局，然后代孩子向主人道歉，而不会要孩子做任何事情。虽然父母代孩子向主人道歉并不是什么错误，只是这样做的结果是使孩子没有机会接受教训，并且丧失独立性和责任感。

孩子在外面闯了祸，父母不在场，因而父母不知道，于是别人的父母找上门来告状，这也是常有的。在外人来告状时，孩子也可能会出现两种情况，一种是害怕自己的父母责骂，而不敢承认，甚至躲藏起来，一种是怯生生地承认了错误。

不管怎样，当外人来告状时，父母一定要冷静而热情倾听受害人父母或本人的申述，然后当着孩子的面弄清实情，应该向对方道歉的，应吩咐孩子向对方道歉，当然父母在自己的孩子认错后，也应向对方父母道歉。损坏了别人的东西，应该在道歉后照价赔偿，或者该付医药费的，就应该支付医药费，以此来教育孩子正确对待事物。这是正确的态度，也是不少父母所采取的态度。

但是应该看到，在我们的周围，也有不少的父母不是采取教育自己子女，向对方道歉的态度，而是采取护短的态度。事实上是自己的孩子打了别人的孩子，或损坏了人家的东西，他不但不责备自己的子女，不教育自己的子女，反而认为对方来告状是错误的，认为孩子在外面打架或做别的事，与他无关。甚或强词夺理说："我的孩子也挨了打。"或者"那东西根本不是我孩子打坏的，我孩子绝不会去损坏你家的东西！"

这样护短的结果是孩子在外可以做坏事不负责任，于是越学越坏，并且做坏事的胆子也越来越大，公然喊叫："你去告诉我父母好了，他们根本不会相信！"后果当然不堪设想。

近10余年来，中国台湾青少年犯罪率急剧上升。在一所大学里，我们发现这些犯罪青少年多是家庭中受父母溺爱、放纵，而在外惹了祸时，父母又总是维护自己的孩子，不分是非，反责怪对方。

此外，孩子在外面玩儿，有时被一些大孩子或特别霸道的孩子欺侮了，夺走了玩具，被打得鼻青脸肿或摔得鼻青脸肿，而哭哭啼啼跑着回家来，也是常有的事。尤其是在小学生中，相当普遍。这时有的母亲心疼自己的孩子，又恨自己的孩子在外面惹了祸，便闹着要去找欺侮她孩子的孩子算账，或者骂自己的孩子："你就不会打他呀！下次他再欺侮你，你就还手！"

仔细想一想，这都不是解决问题的办法。这样算账和报复，只会使孩子间的打斗越来越厉害，而且可能使无意的伤害转变成有意的伤害。所以在出现这种不愉快的事情时，父母最好能保持冷静，倾听孩子的申诉，帮助孩子洗伤擦药，教导孩子以后尽量避免与那些顽童玩耍。同时，也可直接找欺侮了自己孩子的孩子问明事情真相，勉励孩子们和睦相处，不要打斗，以免事态扩大，结成冤家。当然，必要时还可以找对方父母，共同进行教育。但应注意一点，那就是找对方父母，不只为了算账而是要冷静友善，以共同合作教育双方孩子为目的。

35. 批评孩子的技巧：低声、沉默、暗示……

孩子犯了错误，不是不能批评，而是要讲究方法。很多情况是，孩子出现错误，父母往往要责备孩子，可是如果不讲责备的技巧，就可能事与愿违。这些技巧的核心就是让孩子容易接受，化干戈为玉帛。

对犯错误的孩子是应该教育的，可是教育是要讲究方法的，只有巧妙的方法才能获得理想的效果。我们希望有一些好的责备孩子的方法，成功地实现教育的目的。注意，方法不是目的，可是巧妙的方法才能实现理想的结果。

责备孩子要掌握哪些技巧呢？

（1）低声

以低于平常说话的声音责备孩子。"低而有力"的声音会引起孩子的注意，也很容易使孩子听你所说的话。这种低声的"冷处理"往往比大声训斥的"热处理"效果好。

（2）沉默

孩子一旦做错了事情，就会担心父母责骂，如果正应了孩子心中所想的，他会有一种"如释重负"的感觉，对批评和过错反而不以为然了。相反，如果父母以沉默的态度对待，孩子会感到紧张，"不自在"起来，进而能反省自己的错误。

（3）暗示

孩子犯有过失，如果父母心平气和，借彼喻此地启发孩子，能使孩子很快明白父母的用意，愿意接受父母的批评和教育，而且还保护了孩子的自尊心。

（4）换个立场

当孩子惹了麻烦，怕被父母责骂的时候，往往会把责任推到他人身上，以此来逃避责骂。此时最有效的方法是在孩子强辩"都是别人的错，跟自己一点关系也没有"时，回他一句："如果你是那个人，你要怎么解释！"孩子会思考，如果自己是对方时该说些什么。这样一来，大部分孩子都会发现自己也有责任，而且会反省自己把所有责任推到对方身上的错误。

（5）适时适度

幼儿的时间观念比较差，昨天发生的事对于他们仿佛过了好些天，加上贪玩儿，刚犯的错误转眼就忘了，因此，父母责备孩子要趁热打铁，立刻纠正，不能拖拉，超时就起不到应有的教育作用了。

36. 不要急功近利，孩子追星非好事

我们强调过孩子模仿的重要性，可是如果孩子成为一个追星族，那是不好的。他们很容易沉迷于自己崇拜的某一个偶像，花很多时间和心力去模仿。这样的行为会阻碍孩子自我概念的形成，失去很多机会从事他们那个年纪帮助他们成长和发展的活动，还会阻碍想象力及创造力的发展。父母必须正面引导孩子的模仿行为和崇拜心理。

很多电视台播放综艺节目，找不少小朋友们上台去模仿明星。父母仿照某个明星的样子，把孩子们打扮得像明星一样，显得"酷味"十足，在台上哼着属于成人世界的歌，学着明星的动作、神韵等。

我们是反对孩子沉迷于电视的。因为现在的电视节目总的来说是传达一种休闲、媚俗的观念的，这对于天真烂漫的少年儿童来说是有负作用的，因为孩子天性应该是纯真、充满幻想、超功利的。过早地世俗化的"小大人"是不可能为一个美好的人生之梦去奋斗的。如果父母怂恿孩子去媚俗电视的某些庸俗的娱乐节目，就更是让人难以接受的了。

年纪稍微大一些的孩子，在日常生活中会有比较多的看电视的机会，当某电视明星、歌星或某个角色（如卡通、广告人物）常常出现在电视中，而且常做出某些特别的动作、说出某些特定的话语时，就很容易引起孩子的注意。这些人物、角色出现的次数愈频繁，留给孩子的印象就愈深，甚至在他们脑中形成学习的楷模，他们就会去模仿这些人物的表情、动作、语气。这一股孩子模仿明星的热潮让父母们趋之若鹜，企图一夜成名。

父母的鼓励、电视媒体的大量推出无疑会极大助长孩子模仿明星的风气，孩子甚至认为，只要自己模仿得很像，就可以出名、受人欢迎。在成长过程中，孩子会靠"模仿"来学习生活技能和了解周围的环境。但是，孩子过度沉迷于崇拜、模仿偶像，会对他们的人格形成负面的影响。

既然如此，为什么还有父母乐此不疲呢？

我们认为可能是父母"自私"的结果。

父母鼓励孩子上电视节目去做模仿明星的表演，只是凭本身的喜好要孩子这样做，把孩子拿来当作取乐自己的工具，这样的心态是自私的。这样的父母可能自己很喜欢表演，或是小时候就有想当明星的愿望，所以，把自己的期望寄托在孩子身上，希望孩子能够完成这种愿望。当然，也可能是父母对某一个明星特别喜爱，所以就鼓励孩子去学习、模仿这个明星。

不过儿童专家认为，这股模仿风潮如果这样持续下去，将对孩子造成很多负面影响。

原因何在呢？

原因在于：3~6岁的学龄前孩子，他们的心智发展是不成熟的。在他们的心目中，并不清楚那些明星是谁，更不知道明星为什么要打扮成这样，并且还要模仿他们的动作、神情，只知道父母鼓励去参与，同时还会获得别人的称赞。所以，孩子渐渐地认同所模仿的对象了。

而且，模仿成人的偶像是属于成人世界的活动，对孩子是不太适合的，而父母却常常在自觉或不自觉间将自己的喜好强加在孩子身上，进而影响了孩子正常心理的形成。

由此可见，孩子崇拜或模仿某一对象是会产生负面影响的。

其实，孩子要模仿某个对象，随着年龄的增加，他们会逐渐形成一些观念和评判方法，通过这些观念去确定他们所谓的好或不好、吸引人或不吸引人去对模仿的对象进行取舍。就一般情况而言，外表条件比较好看或是有特殊才能的人物，例如会唱歌、跳舞、体育等，孩子很容易认为就是好的，因而成为他们模仿的对象。很多资料表明，年纪比较大的孩子的模仿对象常常是明星或是运动选手等名人。

因此，孩子就很容易沉迷于自己崇拜的某一个偶像，花很多时间和心力去模仿明星一言一行，观察明星的细节。这样的行为会阻碍孩子自我概念的形成和对人的真正认识及了解。因为孩子的眼里所看到的，心理所认同的，都是一些经过精心包装的明星，而不是一般生活中的人。

当孩子对某个明星或某个角色很崇拜和喜欢模仿时，父母应该设法转移孩子崇拜和模仿的注意力，把孩子对偶像的崇拜心理转移到对本身更清楚的认识上，或是对自己未来的期许上。

父母应该鼓励孩子去做一些对本身有意义的事情，培养一些属于孩子自己的本领，发挥孩子具有的创造力，而不是做模仿秀。

37. 不给发怒机会，孩子的脾气就会短路

有的孩子脾气大得很，动不动就勃然大怒。面对这种孩子，平时，要加强对他们的心理辅导；发生不愉快时，要采用活动转移法，让他们在体育游戏或其他活动中宣泄内心的紧张，并为他们树立讲道理、讲礼貌的榜样供他们学习。

有一个孩子叫明明，才两岁半，原来是有名的乖乖，聪明、漂亮。可是自从带她长大的阿姨离开后，明明就像变成了另外一个人，常常无端地发脾气，无端哭闹，谁对她也没有好办法。以前的乖宝宝变成了一个暴戾的小公主。爸爸妈妈对此很着急，急忙带着孩子去了心理咨询中心。

检查结果表明，明明精神上没有什么问题，只是朝夕相处的阿姨离开了，她失去了心理上的伙伴，破坏了孩子心理上和生活上的平衡。孩子由于缺少了阿姨的关注和照顾，在呵护和娇惯中形成的情感依赖产生了动摇，因此产生了强烈的分离焦虑情绪。她的种种行为就是对焦躁不安情绪的发泄。也就是说，明明是在寻求新的心理依赖。

这是对明明这个具体病例的诊断所得出的结论。心理学研究认为，不仅如此，明明的这种行为表现与这个年龄幼儿心理发展的特点关系密切。

心理学上认为，孩子2~4岁是人生的第一个反抗期。这个时期的孩子开始有了"我"的意识，感觉到了自己与别人的不同。因此，他们产生了按自己意愿行事的心理需求。这种心理需求的主要表现就是以心情急躁、不听话、反感别人、反对别人的限制和干涉等逆反心理为主要特征的。

至于明明的行为举止，她的一些过激表现，与家庭教养的娇生惯养、过分迁就和放纵有很大关系。

我们还常常会看到，有的孩子由于父母没有满足他的欲望就大声哭闹。比如在地上打滚，撕扯自己的头发、衣服，或抱着父母的腿不走。心理学上把这些行为称为暴怒发作。处于暴怒发作中的孩子往往不听劝阻，除非父母满足他们的要求，否则就会僵持下去。有时即使父母满足了他们的希望，他们也会不依不饶。

孩子的暴怒发作不仅严重损伤本人的情绪和生理状态，也常常使父母狼狈不堪，许多父母对此都感到很棘手。

暴怒发作与孩子的性格有关，但频频发作的原因往往在父母身上。如果孩子的欲望要求不合理，父母不予满足是正当的。如果孩子因此暴怒发作，最简单的办法是把他单独放在房间里，作短时的隔离，冷落他一些时间。孤独隔离对孩子来说是一个严重的惩罚，他将有时间冷静下来重新考虑下一步怎么办。这时，父母决不能中途让步，去迁就孩子的暴怒发作。父母更不要形成两派，一派"坚持惩罚"，一派"主张怀柔"，当着孩子的面争论起来。如果父母企图采用溺爱和迁就的办法换取孩子中止暴怒发作，那么其后果是强化了暴怒发作，以后孩子必将"屡试不爽"。

每次"暴怒"平息后，父母要严肃地教育他们，使他们认识到自己的错误。如果发现孩子在哪一次能克制自己没有发作，应及时予以表扬和奖励。最后，提及一点，父母不能经常"暴怒"发作，给孩子"树立"学习榜样。

第三章
落实管理的行为，纠正孩子不良现象

细心的父母很快就会发现，孩子长到两岁的时候，脾气就会逐渐大起来。孩子高兴的时候，十分逗人可爱，好像什么事情都很明白，但是如果孩子不高兴的时候，无论是谁，只要不合他的意，他就会大喊大叫，无论让他干什么都不行。比如，让孩子洗脸，他说不洗，父母硬给他洗了，孩子就会气得再把脸弄脏。遇见这样"不可理喻"的孩子，父母常常感到很难办，弄得很没面子，哄也不是，打也不是。

一般来说，一两岁的孩子已经能够听懂父母所讲的简单道理了，知道自己可以做什么，不能做什么。这样的孩子也开始能够根据父母的态度来判断自己行为的对与错了。孩子用手摸脏东西，父母板起面孔或者咳一声，他常常就会把手缩回来。孩子如果把果皮扔到垃圾筒里，父母向他们投去赞许的目光，他以后还会乐意这么做。

同样的道理，孩子开始闹脾气的时候，常常也会试探父母怎么对待他们的这种行为，就像是考验大人的忍受程度，这与"投石问路"的道理是一样的。所以，父母如果处理好这些事，不仅能够避免与孩子较劲的尴尬，还可以影响孩子以后的行为和促使孩子良好性情的形成。

两岁的孩子发脾气，一般来说，有两方面的原因：

随着年龄的增长，孩子慢慢地开始萌生了"独立"的愿望，开始有自己做主的意识，对父母的事事包办代替开始有不满和反抗。但是，他们还讲不清楚自己的愿望和道理，心里很容易着急，所以便常常"发脾气"了。这时，如果孩子希望自己独立去完成一件事，而父母还是习惯包办代替，孩子又急于表现自己，就会因感到委屈而用哭闹的方式来进行反抗了。

父母向孩子提出要求，叫他做什么或叫他不做什么，孩子不愿意接受，而父母还是坚持要孩子这样去做，于是孩子就靠发脾气来进行抗拒。有时孩子向父母提出要求，而又得不到父母的许可，孩子就用哭闹或发脾气的方法来要求父母满足他们的要求。

应该明白，如果父母不管青红皂白，孩子要什么就给什么，这自然是不行的。同时，孩子要这要那，父母认为不该答应孩子的要求，孩子就又哭又闹，于是父母就答应了，这也是不行的。如果孩子哭闹父母就答应了孩子的要求，就等于告诉孩子，只要大哭大闹，父母就会将就自己。

有的孩子之所以用哭闹甚至躺在地上打滚的方法来"要挟"父母，其实根源还是在父母那里。所以，一哭一闹父母就满足孩子的要求绝不是一个好办法。

要克服孩子爱发脾气的毛病，最好的办法就是防患于未然，尽量不要给孩子提供发脾气的机会，更不要形成父母与孩子互相较劲的尴尬局面。

其要点是：

(1) 父母要民主

父母应该成为宽厚仁慈的、具有"民主作风"的父母，而不要做一个专横武断的父母。父母不应该把自己的意志强加给孩子，不要强迫孩子做这做那。如果要求孩子做什么事情，父母应该向孩子讲清楚道理。不许孩子做的事情，也应该给孩子说明原因。如果孩子有什么事情要向父母说明，父母要认真地倾听孩子所说的话，不要因为孩子小就爱理不理。父母认真地听孩子讲话，孩子就感到一种安慰。给孩子安慰，一般来说，他就不会发脾气了。有的孩子个性强一些，如果父母对他比较尊重，那么他即使闹起来也不至于形成和父母"顶牛"、"较劲"的局面。

(2) 学会"冷处理"

父母可以采用"冷处理"的方法来对待发脾气的孩子。有时候，无论父母怎样做，孩子还是难免不发脾气。遇到这种情况，父母可以采取"冷处理"或者"转移注意力"的方法来摆脱尴尬的局面或化解"尖锐"的矛盾。"冷处理"方法的关键是父母要保持沉默，对大发脾气的孩子暂时不予理睬。等到孩子冷静下来后再去和他沟通。"转移注意力"就是用其他事情去吸引孩子的注意力,避免在某一件事情上与孩子形成对立。

心理学家研究发现,一两岁孩子的情绪是很不稳定的,他们哭着哭着,如果看到新奇的事物马上就会笑起来。他们的注意力也很不稳定,而当今的世界又是这样丰富多彩,聪明的父母是容易把孩子的注意力吸引过来的。

父母尽量不与孩子顶牛和较劲,并不仅是一种权宜之计,还可以教给孩子一种待人处事的技巧。如果父母经常这样对待孩子,久而久之,潜移默化,孩子也学会使用这种方法了,将来就会用到他们自己的生活和工作中去。

38. 孩子无理要求多,父母要会说"不"

父母如果能够让孩子体验到"给"的乐趣,孩子就会对"不"表现出自然的神态了。父母要经常向孩子灌输"给予"的观念,常鼓励孩子帮助别人,让他们体会帮助别人所带来的乐趣。

有的孩子有这样的习惯,经常用命令的口气同别人说话。比如命令父母说:"把鞋给我拿来。"命令别的小朋友:"过来帮我!"有时甚至命令客人:"给我倒杯水!"

孩子怎么会产生这种不良行为呢?

可能有以下原因:孩子可能受父母的影响,从父母那里学到了命令别人的"本领"。有些父母认为,在家里面不用客气,因此在家庭成员之间常常用命令的口气讲话,有的父母常在孩子面前命令保姆等。

这些都给孩子造成不良影响,教孩子学会了命令人。在这种孩子的心目中,自己就是中心,因此从来不会站在别人的角度想问题。

如果孩子在情绪不好的时候命令别人,父母可以告诉孩子:"心里有什么不高兴的事情可以慢慢说出来,用命令的口气说话是解决不了问题的，常常还会把不好的情绪带给别人，把本来可以办好的事情办坏。"

一句话，要改变孩子的这种不良习惯，父母是要花很大力气的。

许多父母经常用"不"来回答孩子所提出的要求，这是爱孩子、对孩子负责的具体表现。经常用"不"并不意味着就会伤害孩子，不常用"不"也并不就是溺爱孩子，关键是怎样合理地满足孩子的正当需要与正确地使用"不"这个表示否定意义的词。

我们觉得父母对孩子说"不"的时候，应该注意以下几点：

（1）无论孩子的要求是否合理，父母任意地说"不"常常会使孩子的是非观念发生错乱，严重影响孩子自我意识的形成，并且还会让孩子产生逆反心理。例如，孩子做作业的时候铅笔没有了，孩子提出要买铅笔，父母却说："不！"如果常常这样，孩子就会搞不清到底什么事情可以做，什么事情不能做。孩子甚至会认为，父母什么都不让我做，我就偏要做，看你们把我怎么办。

（2）父母不要只说"不"，更重要的是向孩子说明为什么"不"。可能孩子不一定能够理解和接受父母的说明或解释，但是最终孩子还是会明白的。例如，孩子想买一个很贵的玩具车，但是经济条件不允许。父母可以这样对孩子说："买玩具车要花很多钱，我们没有这么多钱，钱首先要花在吃饭穿衣上……"

（3）父母应该让孩子知道有些东西买太多是没有必要的。孩子已有了许多东西，父母不再给他买同类的东西是不会伤害孩子的。如果东西买多了，反而对孩子不好，有时孩子还会出现厌恶情绪。

父母如果长期过分顺从孩子的要求，孩子常常就会变得比较任性，不能接受"不"的回答了，这对孩子倒是很有害的。

以下几点值得注意：

（1）要改正孩子命令别人的不良习惯，父母首先要树立榜样，从自己做起，在家里创造出一种民主、礼貌、和谐的气氛。

（2）当孩子命令别人的时候，父母可以这样告诉孩子："人和人都是平等的，请别人帮忙应该有礼貌，别人才愿意帮助你。说话像下命令，别人就会讨厌你，不愿意帮助你。"

（3）在日常生活中，父母应对此比较敏感，经常注意纠正孩子命令式的讲话语气。如果孩子用命令的口气说话，父母就要求孩子说话不能使用这种口气，直到孩子改变语气为止。

纠正不良行为，
增强孩子的免疫能力

在孩子的身上出现不良行为是正常的，父母不要大惊小怪。父母细心能够纠正孩子的粗心，父母诚实可以避免孩子说谎。对任性的孩子，父母要因势利导；对有偷摸行为的孩子，父母要启发他的羞耻心。纠正了孩子的这些不良行为，孩子就增强对错误的免疫力。

39. 父母细心，能纠正孩子粗心

很多父母对孩子的粗心都很头疼。孩子粗心的因素很多，比如气质的因素、知觉习惯的因素、兴趣的因素等。父母最伤脑筋的是：孩子的粗心会逐渐变成一种行为方式，孩子会最终成为一个真正的"马大哈"。

孩子粗心，父母头疼，教师头疼，连心理学家也头疼。

孩子为什么会粗心呢？

孩子粗心的因素是多方面的。具体说，比如气质因素：属于这种因素的孩子对感觉刺激的敏感性较差，注意力又比较容易受到外界的干扰。又如知觉习惯的因素：有这种因素的孩子对知觉对象的反映不完整、分辨不精细。又比如兴趣的因素：这种孩子对感兴趣的事情比较认真仔细,对不感兴趣的事情却马马虎虎。最令父母伤脑筋的是,粗心会逐渐变成一种行为方式,最后演变成办什么事情都冒冒失失、粗枝大叶,孩子最终成为一个真正的"马大哈"。

粗心的孩子的突出特点是动作快,脑子慢。这种孩子做事之前一般不会耐心细致地观察和思考问题,因而事情做完之后常常会漏洞百出。这种情况一般会随着孩子认知能力的提高而有所改善,但是对那些已经形成粗心习惯的孩子,如果不对他们进行耐心细致的指导,改变他们的不良习惯,帮助他们形成新的知觉、思维和行为的模式,那么他们就只好当一辈子"马大哈"了。

粗心儿童并不鲜见,但美国泰弗兹大学儿童心理学治疗专家金斯伯格教授通过长期研究证实:有的孩子粗心可能是患有一种注意力难以集中的病症——注意力缺损症,其典型症状即是时不时无法控制自己的行为。

以前,医生们倾向于把儿童特别多动和精神难以集中而总在自己的世界里胡思乱想视作两种不同的病症:前者为"小儿多动症",后者则为"注意力分散症"。但时下金斯伯格教授领导的研究小组已拥有越来越多的证据显示,两者是由大脑出现的完全相同的问题引起的,只是因为患者性格不同,以致表现出的形式也不同罢了。具体来说,如患儿性格外向,即表现出属冲动型的多动症;相反,如性格内向,则往往表现出属分散型的精神不能集中。

美国加州大学欧文儿童医疗中心的史沃森指出,约占3%的学龄前儿童患有这种注意力缺损症。但遗憾的是,在世界许多地区,或由于传统文化的原因,或由于诊断和医疗条件的限制,注意力缺损症至今仍未被当作一种疾病,当然也更谈不上给予有效治疗了。如在相当多的东方国家,粗心普遍被父母看作一种"性格缺点",粗心儿童因此要么被放任自流,要么遭到辱骂或棍棒处罚,其大脑中负责支持和控制自己行为的部分明显缺乏活力。他还警告说,这些儿童如得不到科学治疗,其中

第三章
落实管理的行为，纠正孩子不良现象

近一半的儿童无法坚持在校学习，长大后违法乱纪者的比例也提高。

心理学家提出以下方法去解决孩子粗心的毛病：

（1）父母要注意培养孩子良好的知觉能力和辨别能力

孩子之所以粗心，就是因为缺乏良好的知觉能力和辨别能力。父母要提高孩子这方面的能力，就必须采取有效的办法。比如向孩子提供"找相同点"和"找不同点"的图画，让孩子去发现图画中各种细节上的变化，培养他们仔细地观察事物和仔细地比较事物的能力，并且要求他们把比较的结果用语言大声地讲出来，以便巩固知觉的发现。这种活动随时随地都可以进行，哪怕是看到树叶上的一只小虫，也可以让孩子去仔细看看，看清楚虫子身上有几个花斑、几条腿等。

（2）父母还要训练孩子从不同角度去观察和思考问题的能力

小孩子的思维缺乏可逆性，很难从不同的角度思考同一问题，因此需要父母进行很具体的指导。比如将两根一样长的棒子前后错开放在孩子面前，问他哪一根长。试验表明，有的孩子说上面一根长，有的孩子则认为下面一根长。这时，父母可以诱导孩子换一个角度再看这两根棒子。说上面一根长的孩子是因为他只注意到棒子左端，当让他同时再看看木棒右端，他的说法可能就会改变了；说下面一根木棒长的情况则相反，孩子只注意到木棒右端的长短，而忽视了木棒的左端。通过这个例子，要让孩子学会观察事物的不同角度。

（3）父母要及时纠正孩子粗心的错误

父母发现孩子因粗心而犯错误，应该及时要求他重新更正，用新的动作链条去纠正原有的习惯动作，塑造新的动作。这对于克服粗心也是完全必要的。必要时，父母可在旁边给予具体指导，"扶一把"，就能防止孩子重复出错。

纠正孩子的粗心是一件细致的、艰难的、经常反复的工作，需要父母高度的责任心和耐心，不可急躁，更不可以责骂，因为被骂得情绪紧张、兴致全无的孩子只会变得更加粗心。

还可以用培养孩子责任心的办法治疗孩子的粗心。

从小培养孩子的责任心,是培养孩子健康人格的基本内容之一,其中,特别要注意孩子过失的处理。

孩子由于年幼缺乏知识和经验,经常会发生一些过失,这毫不奇怪。譬如,不小心打碎了物品、一时冲动伤害了别人、粗心大意造成了麻烦等等。发生这类过失的时候,许多父母会责怪孩子,如这样说:"你怎么搞的?能这么做吗?讨厌!快走吧,回家写作业去。"于是,孩子没事了,什么责任也不必负,回去该学习就学习,该玩儿就玩儿。父母则留下来承担责任,又是道歉,又是赔偿。如此这般,孩子怎么可能有责任心?细想一下,不正是父母剥夺了孩子履行责任的机会吗?

1920年,有位11岁的美国男孩踢足球,不小心踢碎了邻居的玻璃,人家索赔12.5美元。当时,12.5美元可以买125只生蛋的母鸡。闯了大祸的美国男孩向父亲认错后,父亲让他对自己的过失负责。

儿子为难地说:"我没钱赔人家。"

父亲说:"这12.5美元借给你,一年后还我。"

从此,这位美国男孩开始了艰苦的打工生活。经过半年的努力,终于挣足了12.5美元,还给父亲。

这位男孩就是后来成为美国总统的里根。他在回忆这件事时说:"通过自己的劳动来承担过失,使我懂得了什么叫责任。"

一般来说,孩子有过失的时候,恰好是教育的良机,因为内疚和不安使他急于求助,而此时明白的道理有可能刻骨铭心。当然,在这种时候,父母应当保持冷静,尽量不要大声训斥,更不要夸大其词恐吓孩子,而应当实事求是讲清道理,明确指出弥补过失的办法。

在一定意义上讲,也可以把孩子发生过失的时刻称为关键时刻,因为能否处理过失具有关键意义,如果处理不当,孩子也许会毫不在意责任心,或者过于恐惧而导致精神崩溃;如果处理得当,孩子可能会吃一堑长一智,由此走向成熟,成为一个富有责任感的现代人。所以,不论孩子有什么过失，只要他有一定的能力，就应当让他承担责任，这是现代父母的真正爱心。

40. 对任性的孩子要因势利导

我们经常听到一些父母抱怨："唉，我这个孩子就是任性得很，不好带。"其实，任性是每个人童年时代的必然产物。子女的任性并不可怕，关键是父母采用什么样的教育方法。教育任性的孩子不能专门依靠所谓的"摆事实讲道理"，因为很多任性的孩子是不能理解父母的大道理的。因势利导，投其所好，是对付这种孩子的基本方法。

有的母亲就经常说："我的两个孩子就是不一样。一个顽皮得要死，不听话闹得要命；一个很听话，很好带，不大吵闹。"言外之意，就是有的孩子任性，有的孩子就不任性。这话有一定的道理，因为每一个孩子都有他自己的需求及个人特有的气质和性格。这些因素在每个孩子的身上各不相同，尽管他们是兄妹和哥俩。

孩子小的时候，还没有确立起是非的概念、好坏的标准。他并不知道他的要求是不合理和超越了常规的。譬如母亲白天上班去了，孩子白天一天没有看见母亲，于是母亲下班一回来，孩子就吵着要母亲抱。甚至到了该睡觉的时候，他也不去睡觉，当然也不让母亲睡觉，死死地缠住已经工作了一天，十分疲惫的母亲，还要母亲抱着他在屋子里走来走去。母亲没劲了，走不动了，把他放进小床，他就又哭又闹起来。母亲气急了，骂他瞎吵。其实，他何尝是瞎吵？他只是因为一天没有见着妈妈了，他需要母亲的亲昵和爱护。至于母亲上了一天的班，已经工作了八九个小时，累了，他当然不懂，也不理解。孩子的这种任性难道不是一种自然的要求，合理的要求吗？

又如有的孩子，吃饭的时候专挑好的吃，而且他喜欢吃的就不许别人动筷子，否则就闹得没完没了，也是孩子任性的表现。但是当孩子有这种表现时，做父母的绝不应因孩子哭闹而火冒三丈，大发雷霆。当然，也不能听之任之，迁就姑息，或者像有些老人做的那样：就让孩子一个人吃吧！反而应当开始警惕注意：孩子的这种不良表现是不是由于过去一段时间父母怜惜孩子而放松了对孩子应有的教育？或者这才是一个开头？不管是前者，还是后者，孩子的这种表现都给做父母的敲起了警钟。是应该及时注意而且有意识地培养孩子良好的生活习惯了，是应该开始教育孩子怎样做人了！

当然，孩子很小，要培养孩子良好的生活习惯，教育孩子做人不能靠说理。说教，那样孩子是接受不了的，也是不现实的。比较可行的方法应该是发现孩子的良好表现，并通过表扬这些表现来巩固孩子的良好行为，进而培养孩子的良好习惯。具体地说，在孩子在吃糖果时，遇到了其他的小朋友，父母应该叫孩子把糖果分给小朋友吃。如果孩子这样做了，父母就应该立即给予表扬："宝宝真乖。这样做伯伯阿姨就喜欢你！"因为孩子最快乐的就是能得到别人的喜欢。

家中吃水果，可以先要孩子送给爷爷奶奶，或爸爸妈妈，有哥哥妹妹的还可以叫孩子把水果送给哥哥妹妹，然后再自己吃。在孩子送水果给老人们的时候，父母就可赞扬说："啊，我们的宝宝真懂得礼貌！真乖！真是乖孩子！"在表扬时，父母应该面带笑容，做出亲热的表示。妈妈及时的夸奖能促使孩子重复这些良好的行为，进而养成尊敬老人，尊敬父母和兄长，与小朋友和睦相处的良好习惯。

与此同时，父母应该注意尽量消除妨碍孩子形成良好习惯的一切消极因素。放纵、姑息、迁就是一切不良习惯的根源。

有的父母见孩子喜欢吃什么，就不允许家中别人再吃，这样无意间就鼓励了孩子的自我中心和利己主义，于是他就对好吃的东西进行垄断，不许别人沾边。水果别人不能吃，甚至爷爷奶奶吃了他也都要吵要闹。吃饭的时候，好菜只能他一个人吃，而且要放在他面前。孩子一旦有了这种不良习惯，父母就必须进行批评，指出这种行为的错误。反

第三章
落实管理的行为，纠正孩子不良现象

之，如果发现了这种开头，父母仍付之一笑，甚至故意逗弄小孩子：不让爸爸吃，对吧！那么孩子没有明确的是非，当然只会变本加厉，最后不可收拾。

这就是为什么说爱必须是严格的。严是爱的表现形式之一，没有真正严格的要求，也就不会有真正的爱。所谓"爱之愈深，责之愈切"就是这个道理。严格要求孩子，就是在他们懂道理的基础上向孩子不断提出合理的要求，并且在生活实践中坚持执行。

不过，话又说回来，严格要求孩子，做起来却并不那么容易。原因就是父母总喜欢或容易原谅孩子，对孩子的一些不太好的行为与言论给予宽容，而不能够真正及时纠正或及时提出。同时，做父母的也并不都懂得：爱就必须严。

其次，在培养孩子良好的习惯时，必须要有连贯性。当我们固定某一个人——在一般的家庭里这个人通常是母亲，负责培养和教育孩子的时候，教育的连贯性比较容易做到。当一个孩子由周围或家庭里几个人：妈妈、奶奶或还有阿姨几个人同时负责培养时，由于每个人有各自不同的观点，没有统一的认识，在培养孩子上就会步调不一，宽严不一。它的具体表现就是许多家庭中常出现母亲与奶奶或爷爷的矛盾。母亲想严格要求，爷爷奶奶要庇护。妈妈打孩子一巴掌，爷爷奶奶要嘀咕好半天。

培养孩子的良好习惯是一件细致艰巨的工作。他需要表扬，也需要批评和惩罚。如有的孩子上床后，久久不肯睡，而且不让母亲或奶奶离开。妈妈一走，他就发脾气。这种时候母亲当然可以好言好语地安抚孩子；但是孩子如果不听，而一味强求，母亲就应对孩子的坏脾气做出应有的反应，或者干脆就让孩子一个人留在那里。这样的话，孩子就不再缠住大人不放了，因为大人的走开，对孩子来说就是一种批评或惩罚。有时，对孩子的坏脾气和坏行为，母亲只要皱皱眉头，或者故意对他表示一点冷淡，他就会意识到大人对他的行为的不满。

常见的例子如，母亲在带孩子到院子里玩耍散步时，孩子常会好奇地停下来捡地上的纸张或小石子玩儿。这时母亲可以喊："不要捡，脏！"或者："你再捡，我要走了，不管你了！"说完母亲继续走自己的路。孩子见母亲不理睬自己，就会感到一种过失和耻辱，就不再捡路上的脏东西了。孩子一旦改正了，做父母的就应该马上奖励，使大人与孩子之间重新建立融洽的关系。这样一来，犯有过错而且沮丧的孩子就会重新感到自己是自由的，充满自信，懂得大人仍然喜爱自己。同时，孩子也知道什么是不应该做的，什么是应该做的。

我们周围的小孩子常见的毛病是不爱整洁，对大人没有礼貌，有的甚至动手抢别人的东西，或者动辄伸出小手打人。孩子的这些不良行为其实都是我们大人，父母或爷爷奶奶惯纵出来的，是他们在孩子开始出现这些情形时放松了教育。有的无知的父母甚至还在一旁笑，甚至鼓励："打，打爸爸！"或："打，打叔叔！"有的父亲或爷爷为了逗得孩子一笑，甚至学狗爬，或做马让孩子骑，让孩子模仿电影或电视中一些小皇帝或皇太子骑太监的镜头。

本来是应该批判的东西，他们公然让自己的儿子或孙子来学习仿效，这样当然不能教好孩子，只会把孩子培养成无礼、霸道的人，以致最后成为社会上的害虫。

要想把孩子教育成一个真正对社会有益的人，培养孩子的良好行为习惯，父母必须精心注意孩子的成长。这里既有生理上的成长，同时也有心理和精神上的成长。注意孩子的言行表现，从小培养孩子良好的道德习惯，注意孩子的品德教育，在萌芽阶段纠正不良的习惯。

在培养孩子良好习惯的过程中，遇到的最大障碍就是孩子发脾气，孩子不听父母的劝说和教育，甚至坐到地上，大声叫嚷，双脚乱踢。

对待孩子的拗脾气，既不能蛮干，抓住孩子一顿痛打，也不应屈服迁就。反之，父母应该细心领会，孩子的反抗并不是由于他对自己的执拗感到满足，而是由于对大人的干预、限制等的抗议。这时，做父母的

第三章
落实管理的行为，纠正孩子不良现象

就应该认真思考他们对孩子所提出的要求是否太高或不合情理。如果是合理的，也不是太高的，就应该坚持，对孩子进行批评和说服。孩子仍不听，则可以对他表示冷淡，让孩子自己去发作一通。

相反，如果做父母的不分青红皂白地退让迁就，那么孩子就会把他的这种"抗议"举动变成对父母施加压力的武器，有时还会得寸进尺，以致无法收拾。

总的来说，在防止和阻止孩子执拗脾气发作的时候，不要采取过于强硬或过于软弱的态度。最好是能够迅速而果断地将孩子的注意力转移到其他方面，以缓和紧张的局势。不要一味地训斥孩子，因为孩子这时是听不进去的；也不要强求他的举动马上符合理智。但同时又要设法使父母不感到难堪，好下台。这时最简便的方法就是前面所讲的，把孩子撇下或把孩子送到门外让他一个人去发泄一下。孩子一个人呆在那里，他感到没趣，大人不理睬他，他就会马上为自己找到新的玩耍方式，而执拗脾气也就会很快消失。

所以，在孩子失去自我控制，或发生了不愉快的事情时，父母都应做出对他毫不介意的样子，让孩子自己去克服，自我平息。当然，这一点有很多父母也很难做到，因为他们总怕孩子哭和闹。孩子一哭，他们就慌了手脚。尤其是有爷爷和奶奶的家庭，他们把孩子看得心肝宝贝一样，一听见孩子哭，就怕是有人虐待了他，于是就责备孩子的父母，而迁就孩子，向孩子妥协。这种做法当然是极端错误而且有害的，只会养成孩子蛮横不讲道理，粗野无礼的性格。

其次，当孩子安静下来之后，父母不应再追究发生过的事，或再加以处罚，而应该对孩子表示亲近。因为这时的亲近能使孩子的自尊心不受到任何损害，使孩子自觉而且愉快地回到正常的轨道上来。同时，也不要像有些父母那样，要求孩子许诺"今后再也不这样做了"。因为孩子很小，他的自我约束力不强，很难实现这种诺言。

最后还有一种在日常生活中很容易被大人忽视的不良行为，那就是

137

在许多公共场所，如在商店购物或等候公共汽车时，许多大人及老人都在排队，而且也很焦急。这时有些孩子见排队的人多，就往前面去插队，或干脆不排队挤到或钻到最前面抢购，或抢上公共汽车而且还为父母占位子。这原本是一种不遵守公共纪律和投机取巧的行为，而有的父母也为了图个一时的方便和舒适，就不加阻挡，反而津津乐道地认为孩子机灵。这是非常危险的，因为纵容和鼓励孩子不守法纪、投机取巧，将来很可能要惹出大祸。

所以，父母对孩子生活上的有些小节绝不可忽视，要随时纠正孩子的不良行为。当然，在整个培养和纠正的过程中应该坚持以鼓励表扬为主，注意孩子微小的进步，及时加以肯定，让孩子看到自己的进步与成长，珍惜自己的变化，用自己的积极因素去克服自身的缺点。

41. 关心孩子睡眠，促进大脑发育

"吃"、"喝"、"拉"、"撒"、"睡"是每个人都必须天天面对的事情，因此怎样让孩子睡好觉，是父母必须重视的问题。让孩子睡好觉，不仅使父母得到更好的休息，更重要的是能够促进孩子大脑的发育。

人们经常用"贪吃贪睡不干活"来责骂那些懒惰的人，好像睡觉是一件坏事似的。甚至在科学上也存在这种偏见：科学家对睡眠的机制与睡眠缺乏的严重后果研究得很多，但对人们为什么需要睡眠，睡眠有哪些好处却知道得很少。直到最近，美国研究人员才发现，睡眠其实对于动物大脑的早期发育起着至关重要的作用。

美国加州大学旧金山分校研究人员在实验中发现，在幼猫发育的关键时期，睡眠极大地促进了大脑内部各部分之间的联系。他们将实验猫分成两组，然后让其中一组实验猫睡眠6个小时，另一组实验猫则不让睡觉。结果发现，前一组实验猫大脑内部发生变化的数量是另外一组的两倍。

科学研究表明，在大脑早期发育中，大脑发生变化的能力，即神经

第三章 落实管理的行为，纠正孩子不良现象

细胞的成长与相互之间联系的增强是十分重要的。研究人员说，这项研究提出了有力的证据，表明睡眠的功能之一就是巩固清醒时的经历对于大脑皮层可塑性的影响，将记忆长期储存起来。

可见适度睡觉是健康的保证，更是大脑健康的保证，这一点对成人如此，对少年儿童更是如此。

因此我们可以得出这样的结论：父母应该根据科学的规律和孩子的具体情况，为孩子制定一个睡觉的时间表，以便保证孩子能够得到足够的睡眠时间，而且这个时间一旦确定就不要轻易改变，即使遇到特殊情况也要坚持。例如，当家里面来了客人，或者是正逢节日等情况，父母们往往会允许孩子多呆会儿。我们认为这是应该注意避免的，因为睡觉时间越明确，孩子就越容易按时去睡觉。

不过，这里我们提醒读者注意许多父母常犯的一个错误：他们往往把"天黑了"当作孩子上床睡觉的标准。这会导致孩子在夏天不能睡足，因为冬天天黑较早，而夏天白天较长，天黑要晚许多。

那么，为了孩子的健康而让他们睡好，应该注意些什么呢？

我们发现下面的几点可以帮助孩子尽快进入梦乡：

（1）给孩子的生活上个"发条"

任何人都有一种愿望，就是知道自己下一步要做什么，孩子也不例外。

如果让孩子在睡觉这件事上养成定时进行的习惯，他们就会在睡觉准备活动之时就想到上床睡觉的时间要到了。

例如，父母可以对孩子讲清睡觉的具体时间，当这个时间到了的时候，父母可以与孩子聊聊第二天的打算，告诉他把第二天要穿的衣服取出来等，也可以在睡觉前给孩子讲故事。我们曾经在睡前给孩子朗读《格林童话》，读上两三个童话之后，孩子往往会自觉地说："好了，睡觉了。"

如果父母每天都这样，孩子就知道自己应该上床睡觉了。

（2）睡前给孩子营造安静、温馨的气氛

打闹或者其他剧烈的活动都会影响孩子按时上床睡觉。

父母要提前半小时就让孩子做安静的活动，这样孩子才能放松。不要让孩子睡觉前用枕头打仗或玩儿打球等游戏，可以让他读书、讲故事或者听音乐。

研究表明，白天玩儿得太累也会影响孩子按时睡觉。在孩子睡觉前营造一种温馨而舒适的气氛，让孩子感到宁静而安全，是让孩子按时睡觉的好方法。许多孩子在睡觉之前喜欢听父母讲故事，或者是父母编的故事，或者是童话歌谣，这样可以营造一种比较温馨的气氛。

（3）让孩子在陌生环境中获得安全感

如果是在亲戚、朋友家等陌生的环境睡觉，在睡觉之前父母要尽量让孩子感到安心，否则他们往往会由于害怕陌生环境而不能很快入睡。在陌生的环境中，很多孩子到了睡觉的时间而不睡觉，是因为他们感到害怕。如果是这样，父母要想办法搞清孩子害怕和担心的原因，让孩子把这些原因都讲出来，父母要一一地给孩子解释，这样就可以减轻他们的焦虑了。这在一两岁的孩子身上最容易发生。

小孩子，特别是刚刚学走路，还不懂事的孩子，在不太熟悉的环境中往往会感到害怕。

心理学研究表明：孩子常常喜欢从某种固定的程序或者某种物品中获得安全感。这些东西父母必须经过细心地观察和体会才会发现。例如，有的孩子睡觉前必须做某件事，比如一定要把某种玩具放在床上。父母们不要取笑孩子的这些行为，也不要无端地加以限制。可能有的父母认为这是不健康的"恋物"行为，其实没有必要这样担心。因为摆上某些熟悉的玩具这种习惯使陌生环境变得相对"熟悉"一些，可以帮助孩子安安心心地离开父母进入梦乡。

（4）养成习惯，让孩子按时睡觉

很多父母都有这样的经历：孩子"无故"不愿睡觉。

第三章
落实管理的行为，纠正孩子不良现象

孩子不愿睡觉有许多原因，比如说"怕黑"，担心自己不能准时醒过来，害怕一个人睡觉，喜欢玩儿或看电视，想让妈妈在身边关照自己等。然而，让孩子学会按时上床睡觉，是一个家庭必须做到的事情之一。父母如果不想让家里乱作一团，就不能让孩子在这件事上有选择的余地。如果父母在这个事情上让孩子自由选择，就等于父母在这件事情上自动放弃了安排孩子的权利。

按一般情况看，孩子是肯定不会马上上床睡觉的。有些父母为了让孩子按时上床睡觉，总是利用一些办法，比如"数数"，允许孩子再多呆"一会儿"。但是，这样的父母常常会遇到孩子不上床睡觉的麻烦。父母哪怕稍稍松一点口，机灵的孩子也会"乘虚而入"，"故意"拖延上床。事实证明，父母让孩子按时睡觉成为发生在父母希望休息时的一场与孩子的"战斗"。

用下面这些方法可以让孩子按时上床睡觉：

（1）给孩子规定睡觉时间

父母应该根据科学的规律和孩子的具体情况，为孩子制定一个睡觉的时间表。这个时间一旦确定就不要轻易改变。即使遇到特殊情况也要坚持。比如，即使这时爸爸刚好进家门或者有人来家做客，也不允许孩子多呆会儿。睡觉时间越明确，孩子就越容易按时去睡觉。

（2）父母要尽量让孩子感到安心

（3）从小就让孩子养成按时睡觉的习惯

任何人都有一种愿望，就是知道自己下一步要做什么。孩子也不例外。如果让孩子预先知道下一步要做什么，他们就会在睡觉准备活动之时就想到上床睡觉的时间要到了。

（4）利用"信号"让孩子按时睡觉

（5）睡觉前不要让孩子做剧烈活动

（6）营造孩子睡觉前的温馨气氛

（7）父母可以比较灵活地掌握睡觉时间，但同时必须有效地结束

睡前活动

　　事情是死的，人是活的。因此，什么事情都不能太绝对。有时候，一个故事还差一点没讲完，可是睡觉的时间到了，这就应该灵活一点了。但是，这种灵活是有限度的，不能没完没了。父母不能允许孩子故意拖延，不要被孩子"再讲一个故事"的纠缠所打动，事先应该讲好条件，不要随便作任何让步。如果父母的确很难做到这一点，可以让闹钟代替我们来下达"命令"。

　　如果是孩子因为恐惧或担心而不愿睡觉，可以让孩子讲出他的恐惧与担忧。

　　父母还要解决好孩子夜间经常跑出房间的问题。

　　父母用了不少时间把孩子安顿在床上睡觉了，可是还不到 10 分钟，他又跑回客厅向你要果汁或提出其他要求。对此父母可以采用以下办法：

　　(1) 父母要让孩子马上重新回到床上去，并把闹钟定在一分钟以后响，告诉孩子铃响之前会去到他的房间看他。如果父母回来时他好好躺在床上，就抚摸他的后背作为奖励，满足孩子皮肤触摸的需要。以后逐渐延长看他的时间。必要的时候，父母可以给孩子讲一个故事，直到他安全入睡。

　　(2) 也可以采用这种方法：在白天的时候，妈妈和孩子躺在一起，让孩子闭上双眼，妈妈语调柔和地给孩子描绘这样的情景："浪花正在轻轻拍打海岸，然后又静静地退了下去。浪花又轻轻地拍打海岸，然后又静静地退了回去。"妈妈反复地讲这句话，让孩子安静地闭上眼睛，心里想着浪花，脑海里出现这种情景。这是一种比较好的心理暗示方法，还可以开发孩子的右脑，训练创造思维的能力。

　　(3) 父母可以给孩子准备一个口袋，里面放上他可能需要的各种东西：如手电筒、他最喜欢的玩具、录音机和收音机等。

　　2～3 岁的孩子需要睡在有栏杆的小床上，以免他掉下床来。如果父母已经是第四次给小孩子盖被子，吻他和道晚安了，那么，不管他怎么哭闹，都要至少等上 20 分钟再进去看他，特殊情况除外。如果孩子 20 分钟后还在哭，父母进去的时候要告诉他该睡觉了，吻他，告别再离开他。如有必要，等 20 分钟再进去看他。每天都这样做，直到孩子明白自己的计谋没有用处为止。注意，如果孩子停止了哭闹，你要多等一会儿，让他入睡后再进去，否则你不得不再次哄他睡觉。

(4) 使用表格

可以制定这样的表格，孩子每做一件"好事"都可以获得相应的奖励，让孩子用得到的分数换取希望得到的奖品。比如，孩子在床上呆上五分钟就可得分。时间应该不断延长，但也要孩子能得分。这种方法对三岁以上的孩子比较有效。

(5) 不要与孩子争吵

如果采取以上方法还不见效，还可以使用一些必要的处罚办法，例如，剥夺孩子第二天做一些活动的权利，或要他提前上床睡觉等等。

为了让孩子好好睡觉，父母可以奖励孩子的好行为。

孩子的习惯一旦养成，纠正起来是比较困难的。因此，父母在培养孩子晚上睡觉的好习惯时，有必要给孩子必要的奖励。刚开始的时候，每天晚上都可以给予一定的奖励：如第二天晚上多看一个电视节目，睡前给孩子铺上漂亮的床单，枕头上放一块巧克力或一块精致的点心等。还可以奖励孩子分数，让孩子用若干分数去换取一份大奖。

一般来说，奖励会使孩子感到愉快，从而产生经常这样做的愿望。孩子按要求去做了，父母就必须按说好的条件进行奖励，不能"克扣"孩子的奖品。

42. 留住孩子的美梦，驱赶孩子的噩梦

研究证明，好梦可以开启孩子的智慧，做梦对发展孩子的智力非常重要。梦能够帮助孩子缓解情绪，对孩子的智力发展和个性培养有很大

的作用，因此父母必须关注孩子的梦。

孩子什么时候开始拥有自己的梦境呢？对此，直到现在，科学界还没有确切的答案。

做梦对孩子的智力发展是非常重要的。小孩对白天发生在他身边的事情会产生强烈的情感，并将它储存在脑海里，做梦就能帮助他领会这些情感。孩子所回忆的景象通常是他对白天生活中美好时光的反映。比如，孩子白天在游乐场和爸爸一起玩碰碰车后，兴奋的情绪会保留下来，晚上他自然便会梦见这些情景。换言之，梦除了能帮助孩子缓解情绪之外，对孩子的智力发展和个性培养也有很大的作用。

观察发现，孩子在两岁多的时候，就开始用语言来表达晚上所见到的景象，正是通过孩子的讲述，父母才知道孩子在晚上会梦见如此多的事物。更重要的是，正是在孩子"讲梦"的时候，父母才发现孩子语言能力的惊人进步。不少孩子甚至可以完全没有障碍地讲述对梦的回忆，而且，在白天的交往当中，他也变得更加"善解人意"了。

科学研究还表明：梦是一种学习的工具，孩子可以在梦里找到解决问题的方法，梦可以帮助孩子获得进步。

下面是一些真实的事例：

三岁半的爱丽丝就是在一次梦里狂蹬小腿后，第二天，给了家人一个惊喜：她可以摇摇晃晃地骑小三轮车了。

有关专家是这样解释的：当她梦到自己骑着三轮车玩耍的时候，她其实正在潜意识中学习骑三轮车。正是在梦里的学习过程中，她的智力也就得到了培养。

好梦之所以重要，除了具有上述的学习功能以外，还能给孩子带来"好心情"。

保罗的爸爸对梦给孩子带来的快乐深有感触，他说：

我3岁的儿子保罗有一次在梦里大笑起来，我推醒他，他高兴地对我说："我在玩儿姐姐的小汽车。好玩儿极了！"通常我们禁止他玩儿

第三章
落实管理的行为,纠正孩子不良现象

他小表姐的汽车,但他在梦里找到了解决的办法。梦中,没有人再能阻止他,也没有人再训斥他。

当保罗向爸爸讲述这个梦的时候,爸爸开始时觉得非常可笑。其实正是这个梦帮助保罗调节了被压抑的心理,纠正了消极的情感。

这方面的另一个例子来自两岁半的安琪。安琪曾梦见她把爸爸抱在怀里安慰爸爸。原来,白天她忽然向马路中间冲过去,企图横穿马路时,她的爸爸被吓坏了。她为此感到内疚。因此,她便在梦中去安慰爸爸。

儿童心理学家指出:

内疚感是儿童生活中不可避免出现的一部分心理活动,梦起到了缓解和补偿的作用。正因为梦是一种心理缓和剂,对孩子的心理健康非常重要,所以应该好好利用、开发它。

孩子做梦,有好梦,也有噩梦,父母要学会倾听孩子的噩梦,让孩子走出噩梦的阴影。

噩梦似乎与小孩一直密不可分,根据研究,3~6岁儿童中,有70%遭受噩梦的困扰。噩梦是指令人感觉惊慌的梦,噩梦通常是近期内所有紧张情绪的发泄。

做父母的都有以下的经验:当你晚上在看电视时,突然一声尖叫从小孩房中传出,你赶紧飞奔进房叫醒你的宝贝,当他醒来时,哭着跟你说:"我做了一个好可怕的噩梦!"你手足无措,只有安慰安慰他。

噩梦发生在睡眠周期中的眼球快速运动期,这时期通常是我们做梦的时期。噩梦通常都与心理压力有关,也许在白天他们有课业压力或什么做不完的事,父母可以帮助小孩完成这些事,以减轻他们的压力。

心理学家指出:父母不要忽视小孩的噩梦,因为长期做噩梦一定会影响小孩的生理及心理健康。大部分小孩做噩梦都只影响当晚的睡眠,如果超过五六岁的儿童每天重复做相同的噩梦,或者任何儿童做噩梦持续一到两个月,甚至在白天也有莫名的恐惧,则需特别注意。这些莫名的恐惧可能会导致：小孩不愿离开你、排斥一个人在房间、不愿去学校或者有其他恐惧症等。

例如：4岁的露易丝十分害怕和幼儿园的小朋友接触，晚上做梦时会从睡梦中惊醒过来，还会嘟囔着说不去幼儿园，要去外婆家等等。

这种恐惧可能是相当严重的。父母甚至无法想象梦对孩子的影响达到什么程度。

在这种情况下，就要特别注意了，如果你一直无法分析，也不能解决他的压力，你可能要找医生或专家来解决了。

当孩子做噩梦时，父母要如何帮助他们呢？

下面推荐一种很有效的方法，我们把它叫做"倾听法"。

作为父母很有必要倾听孩子讲述他们的噩梦，鼓励孩子将梦境讲述出来。这可以帮助父母了解孩子的情绪，以便对此做出反应。例如，如果孩子在入睡后一直烦躁不安，不要简单地认为他是缺钙或者是疲倦、口渴了，原因可能远比这复杂得多。因此可以用这样的办法：试着在他梦呓时叫醒他，听听他是怎么说的，你会发现影响他情绪的重要线索。

在孩子心中只有一个愿望：将不明白的事诉说出来，让大人来帮助他们。对于父母来说，这时候应该注意倾听，鼓励他将噩梦说出来，或采取其他方式表达出来……

如果他的语言表达有欠缺，可以让他用绘画的方式表达。可以让孩子用纸和铅笔将噩梦描绘出来。这是一种理想的表达方法，可以弥补语言表达的不足，可以帮助孩子将心灵里的魔鬼驱赶出来。

在分析图画时，你不妨充当一下心理学家。如果是美梦，这表明孩子幼稚的心灵之窗开启了，你只需尽量让他把这种情绪维持下去，让美梦伴随孩子成长。如果是噩梦持续不断，你不妨尝试将孩子从虚幻中拉到现实，向他证实"根本不存在会吃小孩的大灰狼"等。

对此，儿童心理学家还有更有趣的建议，那就是借助一些游戏帮助孩子摆脱噩梦困扰。下面就是很好的例子。

琼斯最近经常做噩梦，于是爸爸决定和琼斯一起赶走噩梦。爸爸走进卧室，连喊了3次："噩梦！噩梦！离开房间！"

不要小看这种做法，孩子信任父母，他们相信父母有力量解决一切难题。这是一种有效的游戏方法，不信你可以试试。

比利时著名的儿科专家还想出另一奇招。

他们编织了一张网，取名为"捕捉噩梦神网"。当然，这只是一张象征性的网。网的制作非常简单：取一块钉着长钉的木板，长钉之间用铁丝网相连。然后把它放在窗前，告诉孩子，噩梦从此再也进不了房间。

美国一位医生提出了以下两个步骤来"化解"小儿噩梦。

第一步：让孩子安心，当他醒来，抱抱他，安慰他，当他娓娓道来时，以一种幽默、美化、浪漫的方式化解噩梦的魔咒。

第二步：让小孩画一个具有魔法力量的东西，例如魔杖或超人，并且安慰小孩说，这个东西会保护他，可以安定他的心。但切忌用有暴力色彩的解决方式，例如不能告诉他将梦中的坏蛋杀死，因为这可能会导致他白天行为的偏差。

当然，最重要的是用父母的爱心去化解孩子对噩梦的恐惧。

43. 认同性别角色，提防性别偏差

孩子都是属于一定的性别，可是有的孩子对自己的性别不认同，这就是性别偏差。如果孩子很小，父母不必为此担心，因为孩童时代的性倾向是没有定型的。关键是要及时发现，对孩子进行性角色教育，及时加以矫治，不管孩子的性角色偏差多么严重，都是有可能纠正的。

由于小时候的家庭缺陷或教养方式欠妥，有的孩子经过长期的潜移默化，性别角色就可能产生偏差。例如，没有父亲或父亲长期不在家的幼儿，由于缺少男性榜样，会出现对女性的爱好倾向和行为。再例如有

的男孩与母亲，或女孩与父亲关系过于密切，这些孩子在身心上对异性父母常常会产生过分依恋，而不愿接受应有的性角色行为。比较常见的情况是，父母双方都希望有一个不同性别的孩子，所以从小就把自己的孩子当作另一性别的孩子来教养。这种性别角色偏差一旦形成或者定型，要改变过来还是有一定难度的。

心理学上所谓的"俄狄浦斯情结"与这种性别偏差有些关系。

世界级的心理学家佛洛伊德认为，幼年期的孩子对异性父母都会产生眷恋现象，这是人类普遍存在的特征之一。他用古希腊悲剧中的人物俄狄浦斯王无意中"杀父娶母"的故事，把这种现象称为"俄狄浦斯情结"。

按照佛洛伊德的幼儿性欲学说，孩子的这种"性欲"在3~6岁到达顶点。人的性欲自出生后就已经存在，其中经历口腔性欲阶段、肛门性欲阶段和性器官性欲阶段。在性器官性欲阶段，幼儿的"俄狄浦斯情结"是主要特征。经过潜伏期，这种"性欲"大多会发生转换，孩子不得不放弃对异性父母的爱恋而模仿同性父母，这种爱恋就得到了正常解决，这也就确立了儿童成熟期后的正常异性爱恋的模式。这就是孩子成年后在选择配偶的时候仍然无意识中以异性父母为标准的原因，尽管本人可能不会清楚地意识到这一点。

如果"俄狄浦斯情结"得不到妥善的解决，这种带有强烈情绪的、未得到正常解决的"乱伦性爱恋"也会被抑制，但是，它总是隐藏在潜意识中，成为一个不停地要求满足的潜在力量，成为以后神经症和心理变态的根源。这就是"俄狄浦斯情结"。

更为复杂的情况是，孩子由于对同性父母产生"爱恋"而嫉妒异性父母，就会产生"负性俄狄浦斯情结"，这种"情结"如果得不到正常解决，冲突就会滞留在潜意识中，成年之后就很容易成为同性恋者。

因此，作为父母，应当重视对孩子正常性别角色的教育，因为这是个体成长的一个重要环节。那些把孩子当成另一性别来教养的父母是不明智的，这样就有可能造成孩子喜欢穿异性服装、同性恋或要求做变性手术等后果，给孩子带来精神上的痛苦和心理上的压力。

判断孩子是否存在性别偏差有以下几个标准：

（1）如果孩子在言谈中总表露不恰当的性别角色，就应该引起父母足够的重视了。例如男孩子常常说"我是个女孩"，"我长大要当妈妈，也要生孩子"等。

（2）如果孩子坚持要穿异性服装或者对异性的服装特别喜欢，这可能说明孩子很可能有性别确认上的问题。

（3）在游戏当中，如果孩子总是喜欢扮演异性角色，对异性的游戏和玩具等很感兴趣，总是喜欢参与异性活动，那么也可以看成性角色偏差的信号。

（4）如果孩子在言谈举止、姿态声音、行为等方面都有异性化的倾向，而且在父母等人的反对之下仍难以纠正，那么父母就应该请专家鉴别一下孩子是否有性角色偏差了。

发现孩子出现性别偏差是一件让人焦急的事情。但是，儿童心理学家研究表明，只要父母引导得法，注意改善环境条件，在孩子4～12岁期间，经过努力性别偏差是可以矫正的。

如果得不到有效的纠正，后果是严重的，比如说长大之后出现异装癖。

异装癖也称异性装扮癖。这种人要通过穿戴异性的服装来使自己得到性兴奋。这种心理变态患者以男性居多。异装癖一般在5～10岁之间开始萌芽，到青春期就产生了与异性装束有关的色情幻想。开始的时候，他会自己在房间里穿戴异性的装束，在镜子里欣赏自己，逐渐就会在公共场所或睡觉时穿着异性服装。

异装癖有以下成因。

首先是心理因素。这种人由于对正常性生活害怕和忧虑，怀着一种罪恶感，所以通过穿戴异性服装来排遣这种恐惧。

其次是家庭环境对孩子产生的不良影响。很多资料表明，性别的教育要从孩子小的时候抓起。比如有的父母本来想生一个男孩，但是却生出了一个女孩，于是把女孩当成男孩来养，就训练出所谓的"假小子"。这样，孩子长大之后就可能对异性有神秘感。

再次是父母的教养方法不当。把女孩当成男孩来教养，把男孩当成女孩来教养，都属于教养的错位。这样教养很容易把孩子引向异性的方向去。

最后是把孩子打扮成异性或取异性的名字。这样做的原因可能是多方面的，比如，有些地方的人认为，把孩子打扮成异性的样子，取异性的名字，便于平安成长。

如果父母发现孩子出现性别偏差时，可以采用以下方法纠正：

（1）父母要特别注意培养孩子与同性父母的亲密关系

父亲应该常常陪儿子玩儿，母亲要单独与女儿在一起。如果家里缺乏同性父母起榜样和引导的作用，可以找一个与孩子同一性别的直系亲戚、朋友或家庭教师来对孩子施加影响。多跟同性的成人在一起做游戏或有兴趣的活动，会使孩子受到感染并出现模仿同性成人的行为。另外，让男孩子看一些男英雄的书，让女孩子看一些仙女的书，都会对孩子的性角色矫治有所帮助。

（2）父母应该及时鼓励孩子表现适当的性角色行为

例如：对娇弱的男孩，要经常表扬他做爬山踢球之类体力活动和勇敢行为，经常夸奖他是个"好小伙子"，希望他成为一个"小男子汉"。特别是孩子表现得像个男孩子的时候，这样的表扬和鼓励就会发生很好的作用。这些鼓励可以是"口头表扬"，也可以是"物质刺激"，比如可以奖给儿子一把冲锋枪，奖给女儿一个布娃娃等。

（3）父母对孩子不当的性角色行为要表示明确反对

除了偶尔的表演性行为，对自己孩子的不当性角色行为，父母即使不明确地进行反对，也应该采用冷淡的态度，让孩子感到自己的表现不正确，父母等人对此没有什么兴趣。

当然，父母对孩子的性别角色行为过分敏感也是不必要的。例如不必禁止男孩从事艺术活动而逼迫他参加竞争性运动，也不必阻拦女孩"玩枪弄棍"而只能抱着洋娃娃办家家等。心理研究认为，健康的人格兼有男性特质和女性特质两个方面，具有综合性心理的人才能更为灵活自如地表现自我或适应外界环境。

总之，孩童时代的性倾向是没有定型的，父母不要为此焦急不安。只要做父母的能重视孩子的性角色教育，及时发现可能发生的问题，并及时加以矫治，不管孩子的性角色偏差多么严重，都是有可能纠正的。

44. 根治谎言：寻找说谎的根子，播撒诚实的种子

很多孩子都可能出现过说谎的行为，可是孩子说谎与成年人说谎是有区别的，父母对此必须注意。关键是父母应该特别注意怎样处理好孩子说谎的不良行为。父母应该注意寻找孩子说谎的根子，播撒诚实的种子，塑造孩子的优秀品质。

孩子在玩耍时，无意中弄坏了东西，或闯了祸怕挨大人的骂，常想把错误掩饰起来。孩子无意中折断了花盆里的花，怕大人发现，他们通常会把折断的花扔掉。打翻了墨水他们会把墨水瓶藏起来，再把洒了墨水的地方用报纸或别的东西盖起来。当父母发现了问他们时："是不是你把花盆里的花折断了？"或者："墨水瓶是不是你打翻的？"孩子联想到挨骂，就会说谎："我没有。"或者："不是我打翻的！"或者："我不知道。"

当然，孩子的这些谎言是很容易被父母识破的。"不是你折断的，家里还能有谁呢？""墨水不是你打翻的，家里还能有谁打翻，还把报纸盖上呢？"

孩子不敢公开承认过失而说谎这，使大人苦恼、痛恨。因为任何一

个做父母的都知道说谎是最坏的习惯，甚至是道德所不容的。为小事说谎，虽不值得追究，但可怕的是一旦放过，怕孩子会养成说谎的恶习。所以父母总是从小就教导孩子不要说谎，遇到自己的孩子说谎就非常气愤，总想好好地教训他一下，于是就狠狠地责备、骂几句，想使孩子惧怕，以后不敢再说谎。

而事实却正好相反，父母责骂得越厉害，孩子因为怕挨骂，一闯了祸或做了什么错事，就又说谎。

有这样一个顽皮的孩子，上课不听课，下课不做功课，结果数学考试次次不及格。父母又要看成绩表，那孩子怕骂，就把成绩单的分数涂改成及格，有时实在无法涂改，他就说成绩单丢了。父母一看就知道成绩单的分数是涂改过的，便追根到底是多少分，为什么要涂改，或者怎么丢的？父母发现一次责骂一次，但到时候儿子仍然涂改或撒谎说成绩单丢失了。父母气得咬牙切齿，拿儿子毫无办法，而且由对儿子成绩的不满，渐渐转变为对儿子说谎的愤恨。

那么这事发展至此，责任究竟在谁呢？

美国著名儿童心理学家基·诺特分析儿童说谎的原因："说谎是儿童因为害怕说实话会挨骂，而寻求的一个避难所。"这话是很有道理的。

孩子一方面被教导"不要说谎"，另一方面却又会因说实话而受责备。这种矛盾造成孩子为自卫而说谎。所以，我们也可以说，在通常情况下，是大人给孩子造成了不得不说谎的形势。因而，杜绝孩子说谎的最佳对策是不追究，让孩子消除说实话的顾虑，而自觉地不去说谎。

从上面所举过的事例来说，当父母发现孩子折断了花时，可以说："花儿开得好好的，可以供观赏，而且也是生命，以后再不要折断了。"或者："幸好墨渍渗透得还不多！"这样消除了孩子对因自己做错的事或闯的祸被挨骂的顾虑和惊怕，就不会再说谎，反而会反省："当时应该据实向父母讲清楚，父母会原谅我的。"

幼儿到了三四岁以后，一般都有说谎的行为，导致幼儿说谎的原因

第三章
落实管理的行为，纠正孩子不良现象

是多方面的，但归纳起来，不外乎以下三种。

第一，因害怕训斥、打骂而说谎。

幼儿对周围的一切事物都感觉好奇，尤其是家里刚买回来的东西，非要亲自动手拿一拿，仔细看一看，往往一不小心，就会弄坏东西。这时幼儿由于内心紧张而产生恐惧心理，害怕受到父母的训斥和打骂，而不知不觉地开始说谎。

例如：大班的甜甜一次在家中不小心把镜子打破了，妈妈回来后，问镜子是谁打破的，甜甜忙推说是邻居的宁宁打破的。由此可见，幼儿在做错事情以后，内心会受到一种压迫，担心受罚，从而产生恐惧心理，诱发其说谎。

第二，因父母教育不当而说谎。

说谎是一种不诚实的行为，发现幼儿说谎时父母应及时教育。但是，有时造成幼儿说谎的原因往往就是平时父母的教育不当。例如，一天，中班的芳芳在幼儿园里拾到1元钱交给妈妈，这位妈妈忙说："妈妈给你买面包吃。"并神秘地对芳芳说，要是老师问起，就说是妈妈给你的钱买的。显而易见，芳芳说谎是受这位妈妈的言行影响。幼儿模仿性很强，父母的不诚实行为不仅会对孩子产生潜移默化的影响，还会在他们的心灵播下自私自利、损人利己的种子。

第三，因有某种愿望而说谎。

幼儿时期，孩子心理发育尚未健全，感知事物的能力和成人还有一定的差别。有时，幼儿常会把希望得到的东西当成已经得到的。这是由于孩子的心理活动和思维发展尚不完善，因而产生了"幻想"，并非真在说谎。例如，邻居小孩园园看到小朋友露露在玩小汽车，自己家里明明没有小汽车，却会不假思索地说："我爸爸给我买了好多小汽车，比你的好玩儿。"可以看出，这种说谎恰恰反映了孩子想要小汽车的愿望。他并非真想说谎骗人。这时做父母的不能加以责怪，伤害孩子的自尊心。幼儿口中常说的"我有"或"我已玩儿过"等等，常常不仅是在

流露愿望，而且也是在掩饰愿望和克制愿望。

孩子的另一种谎言可称之为"讲故事型"的，其目的是吸引别人的注意。孩子会自己去"创造"事实，甚至到了非常离谱的地步。例如，孩子可能会说他吃了一百个冰淇淋。

这种情况有时是因为孩子失去了对事实的认识控制，也就是说事情的复杂性超过他所能理解的程度，他分不清什么是事实，什么是想象，他也不认为自己说的是谎话。孩子到了四五岁以后就开始会说"白色谎言"，即为了满足自己的需要，达到某种目的而编造谎言。例如，为了逃避上学编造生病的谎言，为了得到"电动车"将考试成绩由60分改为80分。父母应该关心的，不是谎言本身，而是谎言背后的含义。

从上面几种谎言来看，大部分孩子的谎言其实并不像我们所担心的那样可怕，重要的是应了解谎言下的秘密。当然，如果孩子的谎言说得太多，或者他确实有错误想法时，父母就该特别注意。

对于很小的孩子，如果为了多睡一会儿说自己病了，这不是什么可怕的事情，而是孩子聪明的表现。当然，如果大孩子说这样的谎话，那就是懒汉了。

总之，孩子说谎是时常发生的事情，要想杜绝孩子说谎，养成孩子诚实的习惯虽然至关重要，但确实不易。它要求父母耐心和热情开导，消除孩子对说实话的顾虑。当然，父母也绝不能睁一只眼，闭一只眼，对孩子说谎不闻不问，听之任之，那样又会变成放纵，孩子只会越说越厉害，直至走上邪路。

这里有一招可以帮助父母防止孩子说谎，这就是"信任"。

德国的教育专家多罗特·克雷奇默说过，如果父母能够采用一种平静、镇定、理解的方式对待子女说谎，那么从一开始就可以避免许多谎话和不必要的争辩。孩子有时说谎是因为他们担心受到斥责，或是由于怕羞，不想辜负父母对他们的期望。父母不应该不顾一切地逼迫孩子坦白，否则孩子会编更多的瞎话来自圆其说，那情况就更糟。

第三章
落实管理的行为,纠正孩子不良现象

克雷奇默认为,孩子说谎是因为对父母不信任。因此,父母应经常向孩子说明并以行动表明,如果孩子做错了什么事,他们是会给孩子帮助的,以此杜绝说谎的发生。父母应准备原谅孩子,并帮助他们摆脱困境,即使是孩子伤了父母的心,或者惹父母生气的时候也应该如此。

如果你是三四岁孩子的父母,你可能会很惊讶,天真无邪的孩子居然会说出天衣无缝的谎话,你可能十分担忧,觉得孩子的道德出了问题。其实"说谎"是学龄孩子智力发展的一部分。孩子的谎言可以分为几种类型,最常用的一种说谎方式就是"否认",否认做错的事。否认的目的是为了逃避惩罚。例如自己失手打破了茶杯,却不敢承认,而把责任推给小猫,为的是逃避父母的责骂。事实上,如果这个年龄的孩子不会急忙否认,却静静地等着受罚,那父母才真该担心呢!其实,懂得否认显示孩子的智力发展正常,已经开始了解因果关系。因此,这样的谎言不要把它想成是不诚实的。

研究发现,鼓励孩子不说谎是一种行之有效的方法。

美国第一任总统华盛顿小时候,一次他砍了一棵樱桃树,这棵樱桃树是他父亲很喜欢的,华盛顿不是用谎言来推卸责任,而是勇敢地承认了错误。他的父亲非但没有责骂他,反倒高兴地夸奖他,说他是个诚实的孩子。

父母也可以向华盛顿的父亲学习,让孩子知道,说谎可以免除暂时的惩罚,却会引起别人的反感,给自己的心理增加压力,而勇敢承认错误,诚实做人,才能得到父母和他人的喜欢,才能培养自己的优秀品质。

孩子出现撒谎的问题,父母应该注意:

(1) 不要感情用事

孩子能够把自己好的一面向父母报告,如获得了老师的表扬,做作业得了红花等,说明孩子是有上进心和荣誉感的,父母应该及时给予肯定和表扬,但是此时不要喜形于色,夸大事实,表扬过度。父母应该使

孩子明白自己这样做是对的，今后还必须继续努力。

当孩子主动向父母承认错误时，说明他知道这样做是不对的，这时父母要善于把握自己的情绪，对孩子讲明白，知错就改是对的，但是，要求孩子今后少犯或者不犯同样类型的错误。如果孩子承认错误时，父母控制不了自己的情绪，大声斥责孩子，甚至动手打孩子，那么就会让孩子感觉，如果不告诉父母，还可以逃避惩罚。通过不断地积累这样的经验，孩子就会慢慢地把自己所犯的错误隐瞒起来。所以，只要孩子讲的是实话，不管犯了多大的错误，父母都应该冷静地对待错误本身，帮助孩子分析犯错误的原因，向孩子讲清楚道理，增加孩子犯错误的免疫力。

（2）要全面了解孩子的情况

遇到孩子报喜不报忧的时候，父母应该主动与老师取得联系，了解孩子在校的表现。如孩子说的与老师不同，也不要急于斥责或打骂孩子，最好的方法是引导孩子自己讲出真相，然后再给孩子讲道理，要让孩子明白无论犯了什么错误都应承认，不能向父母隐瞒。父母应该明白，不犯错误的孩子是没有的，犯了错误只要能够改正，就是好孩子。遇到孩子犯错的情况向孩子发脾气是不好的。

总之，遇到这种情况，父母的态度要冷静，不要紧张。另外，父母要以身作则，说话算数。父母还要为孩子营造一种比较宽松的环境，正确对待孩子偶然的过失，不能让孩子产生过分的心理压力。

45. 避免偷窃：保护廉耻心，启发羞耻心

俗话说："小时偷针，长大偷金。"在一般人心目中，偷窃的行为是不能原谅的，因此我们经常发现很多人对小偷大打出手。可是，如果这种行为出现在孩子身上，父母最好的办法就是保护孩子的廉耻心和羞耻心，让孩子从灵魂深处开始反省，重新做人。

第三章
落实管理的行为，纠正孩子不良现象

孩子出现偷摸行为，很多父母都是痛心疾首的。

武汉有一个父亲，因为偷窃多次入狱。可能是因为遗传的原因，他的孩子也有偷嗜。这位父亲已经重新做人，决心洗新革面，绝对不让自己的孩子重蹈覆辙。经过一番惊心动魄的教育，这个孩子还是偷窃不断，最后这位父亲把他的爱子活活打死！

这是一个触目惊心的悲剧故事！

一般来说，孩子偷东西往往是从自家的屋子里面开始的。孩子私自拿家中的东西确实是一种很不好，甚至可以说是很坏的行为，因为这实质上就是偷的开始。有些父母有一种误解，认为只要偷的不是外人的，而是自己父母的，就不是什么严重的错误。这是危险的念头。因为孩子一旦有了这种恶行，如果不纠正，最终还是要到社会上显露身手的。

私自拿家中的东西是一种不光彩的偷盗行为。七八岁开始明了事理的孩子都知道偷盗是可耻的，因而一个孩子在做这种见不得人的事情时，内心一定有些恐惧和不安，惟恐父母发现，一旦父母发现会脸通红感到无地自容。因而父母一点破，他就应该反悔和羞愧。

如果一个孩子一而再地偷拿，那就说明他已无羞愧之心。为了挽救一个孩子，做父母的绝不可撕破他最后的一张脸皮，一定要设法启发他的廉耻心，促进其反悔。因此，在教育孩子不应私自拿父母钱的同时，应更加热情地关心孩子的需要，弄清楚孩子为什么要走这一步。如果是正当需要，应向孩子说明可以向父母索取。如果是在外面吃玩儿，那就应该耐心教导。一个孩子不应在外面乱吃东西或玩赌博的游戏，即使是电动玩具，亦不可多玩儿，多玩儿就会荒废学业。这当然是一个需要耐心的漫长的教育过程。

简单的打骂是不能奏效的。许多儿童或中小学生在街上当扒手，大多是由在家偷拿钱、乱花钱开始的，最后父母又没有钱可摸了，而摸向外人的口袋的。

当然，更坏的就是在直接偷别人的东西了。在学校里看到同学有什

么好东西，自己没有，就偷。这当然是极端可耻的行为。父母如果发现孩子偷了别人的东西，应该向孩子说明偷盗是可耻的行为，启发孩子的羞耻心和羞愧感，然后劝说孩子把东西交还原主。

这样做虽然不容易，但必须这样做。不要见孩子做了这种见不得人的事，就劈头劈脑大骂大打，声称"打断你的手，看你以后还偷不偷"。这样打骂对少数极端胆小的孩子，或多少还有些羞耻心的孩子，可能收效一时，但对大多数的孩子效果不会明显。因为他们一旦敢偷，就是已经不顾羞耻了。所以简单地打骂只会使他们暗地里偷，千方百计不让父母发现罢了。

在一些家庭中，父母爱占便宜，见孩子偷了东西，甚至默认和夸奖，那就更是把孩子往绝路上引了。这是绝对不能容许的。

孩子犯了这样的错误，父母要认真反思，做好思想工作。一定要有耐心，不要把孩子往更远的地方推，更不要把孩子推向绝路。很多事实证明，只要父母能够有效地保护孩子的廉耻心，启发孩子的羞耻心，孩子就会很快改正自己的错误的。

当然，这不是一句话两句话，一次两次就能平安无事的，必须进行耐心细致的工作。

46. 营养必须全面，孩子不能挑食、贪食

在自然界的食物中，没有一种或几种食物是完全包括了人体所必需的一切营养成分的。因此，如果专门吃一种或几种食物，就不可能满足人体机能的需要，不爱吃一种或几种食物就有可能无法补充人体所必需的成分。很明显，偏食是一种对孩子身体极为有害的不良行为，必须加以纠正。

同样的道理，贪食也是一种不好的行为，因为贪食的孩子也会营养不良，就像没有吃饱的孩子那样。

第三章
落实管理的行为，纠正孩子不良现象

有的孩子只爱吃有些食物，有的孩子根本不吃有些食物，这些都是偏食的表现。偏食对孩子的生长发育是很不利的。有的孩子对食物很挑剔，即使一碗菜也要从中挑选出自己喜欢吃的部分，而剔除不喜欢吃的部分，这就是我们所说的挑食。

挑食是不符合饮食卫生要求的。吃饭的时候，对饭菜挑挑拣拣，饭菜很容易被搞凉、弄脏，往往让人感到厌恶。同时，在挑选食物的过程中，孩子常常会出现一种抑制食欲和消化液分泌的条件反射。凡是有挑食习惯的孩子，一般都不可能保持良好的食欲和最佳的进食状态。

偏食或者挑食都是不良的饮食习惯，都不利于孩子的生长发育和身体健康，应该及早加以纠正。

对于孩子的偏食或者挑食，父母应该注意以下几点：

(1) 要提高认识

父母先要提高自己的认识，多一份责任与理性，不要盲目溺爱孩子，别认为让孩子在饮食上应有尽有，自由自在就是爱孩子。父母应该充分认识到，偏食或者挑食对孩子的生长发育和身体健康都是不利的，甚至对性格的健全也是不利的。父母和孩子都应该从主观上去纠正这种不良习惯。

(2) 饮食要多样化

可以在孩子喜爱吃的食物中夹杂一些不喜欢吃的食物，也可以将不喜欢吃的食物的色、香、味加以调整，或设法改变这种食物的形态后再食用，这样也许能纠正孩子对某些食物的偏恶心理。父母做饭的时候，应该把米、面、菜等收拾干净，不要在饭菜里留下谷壳、砂粒、杂质、腐败部分、虫体等，这样可以避免孩子进食时挑选。父母还应该告诉孩子：在吃饭的时候不要挑剔，要按顺序吃，挑挑拣拣、上下翻动是一种不文明、不礼貌的行为。

(3) 厌食

当然，有的孩子因对某种食物过敏而产生厌食，这就应该采取"优

惠政策"了。如果遇到这种情况，不要马上采用上述方法去纠正。如果不是特别重要的主食，可以不予纠正。如果对米面之类的主粮过敏，就应该在医生指导下进行脱敏治疗，父母自己不可强行纠正，以免发生过敏性疾病。

挑食现象常常发生在食欲差的孩子身上，因此，可以采用一些增进食欲的药物对孩子进行治疗。父母在备办饮食的时候，最好做到色、香、味具备，以此来刺激孩子的口味。在制作饭菜的时候，要尽量将菜切得均匀一些，尽量做到大小一致，色调和谐，味道一样。这样，孩子就没有什么挑选的余地了。

下面说说孩子贪食。

"贪食"就是嘴馋，吃东西没有节制。

"贪食"的孩子往往是"吃着碗里的，看着锅里的"，手里拿着苹果正在津津有味地吃着，看到别人吃桔子，又要吃桔子。桔子刚到手，发现别人在吃生萝卜，口水又忍不住流下来，又想吃生萝卜了。

"贪食"不是因为食欲好或食量大，往往就是"贪"的心理在作祟。

其实"贪食"的孩子胃口都不是很好，也不一定吃得多。很多资料表明，多数"贪食"的孩子都长得比较瘦，营养不良的情况比较多，就像没有吃饱的孩子那样。原因在于："贪食"的孩子并不都选择营养丰富或者味道好的东西吃，而是"贪食"一些稀奇古怪的，有时甚至是质量低劣的食物。例如各种花花绿绿的袋装食品，专家指出其营养价值往往是不高的，然而它们正是贪吃孩子的"最爱"。

我的一个朋友的孩子在乡下的时候长得既白又胖，到城里没几个星期，按理饮食条件改善了，他却"吃瘦了"。原因就在于"贪食"对健康不利。

"贪食"的孩子多数吃的是零食，不是营养充分的主食，加上嘴馋，零食不离口，必然败坏口味，对贪吃的食物感到津津有味，而这些食物是不能满足身体的需要的。相反，这些孩子吃正餐的时候，往往会感到乏味，甚至吃不下去，这样身体得不到应该供给的营养，因而导致全面缺乏营养素，妨碍了身体的生长发育和健康成长。当然，不是说绝对不能吃零食，为了让孩子体验到被关爱的幸福之感，偶尔给孩子买点东西是可以的。问题是要注意：天天"偶尔"就不是偶尔了，就是放纵孩子的陋习了。

纠正"贪食"的主要方法有：

（1）父母要让孩子养成定时进餐的习惯。"贪食"习惯形成的原因之一就是进餐不定时，如果能够定时进餐，而且吃饭的时候吃饱吃好，他们平时就不会想吃其他东西了，贪吃的习惯就可能会慢慢克服。

（2）父母要让孩子少吃零食，即使吃零食也应该有一定的时间和规律。一般的情况是把零食放在两顿正餐之中进食，或者放在饭后进食。严格地按一定的时间给孩子零食，对于防止儿童养成"贪食"的习惯也是有一定的作用的。

（3）父母要教育孩子正确对待吃零食的问题。吃东西是为了让身体得到充足的营养，而不是为了"快乐"和"享受"。饿了应适当吃东西，并且要吃好吃饱，肚子不饿的时候，就不要吃东西，这样就能防止养成"贪食"的习惯了。

我们还发现有"异食"的孩子。

"异食"是指在饮食上的各种怪诞行为。例如有些孩子除了正常的进食外，还有一些很奇怪的进食行为，比如吃生米、棉花、石灰、泥土甚至鸡粪、蚯蚓和其他虫类等东西，这就是"异食"。研究资料表明，这种孩子喜欢吃的东西可谓无奇不有。这些东西大都对身体有害，有的对胃肠刺激很大，造成腹泻或者便秘，甚至导致肠梗阻等严重后果。因此"异食"对孩子的身体是有害的，父母必须想方设法加以纠正。

纠正"异食"的主要方法有以下几种。

（1）对有"异食"习惯的孩子，首先应该到医院去检查是不是有肠道寄生虫病。如果发现患肠道寄生虫病，就要进行驱虫治疗。统计资料显示，绝大多数有"异食"习惯的孩子，经过驱除肠道寄生虫之后，这种不良行为就会消失。

（2）如果经过彻底的驱虫治疗后，孩子仍旧不能改掉"异食"的习惯，就必须配合行为训练了。父母要让孩子认识到"异食"对身体的危害，同时有意识地让孩子避开嗜好的物品。父母要设法把这些东西收藏起来，杜绝孩子接触嗜好的东西。时间长了，孩子"异食"习惯就会自然消失了。

另外，也不要让孩子边听故事边吃饭，边看电视边吃饭，这些行为都会影响消化，造成孩子食欲不好、消化不良等，因为人的高级神经系统活动对胃肠的消化功能有影响。当进食时，由于条件反射的作用，胃肠的消化液分泌旺盛，胃肠蠕动增强，食欲很好。

在人们情绪不好时，大脑皮层对外界环境反应的兴奋性降低，使胃肠分泌的水分液减少，胃肠蠕动减弱，从而对食物的消化吸收功能降低。这样就使食物在胃中停留的时间延长，使人没有饥饿感，吃不下饭，即使勉强吃下去，也常感到肚子不舒服。

第四章

运用管理的方法，做一个造就天才的能工巧匠

让孩子服从规则，将来他就会遵纪守法；让孩子学会控制情绪，情商就能发挥应有的作用；经常激励孩子，成就感就能推动他胜利前进；树立一个好的榜样，孩子的心目中就有一座灯塔。

用规则去管理，
让孩子从小遵纪守法

孩子必须服从规则，这是应该从小就必须让他知道的。违反了规矩，就会受到处罚；违背了规律，就不可能成功；终止不良行为，就是好行为的开始；给孩子美好的希望，不足之处就会慢慢改正。这就是规则的威力，父母应该注意领会和使用。

47. 记录过失，改正陋习

恰到好处地"记录"孩子的过失，就会成为孩子成长的宝贵财富！让孩子自己感受、自己改正，事实证明这是行之有效的好方法。

有这样一个例子：

有个男孩，今年9岁，上三年级，他的最大的缺点就是"马虎"。他做作业倒是挺快，可是漏洞不断，常常把"+"写成"-"，把"7"写成"1"。如果父母不给他认真检查，他自己就无法改正。这个男孩最需要的就是培养"自己检查"的好习惯。检查的方法很容易学会，可是怎样让他自觉去执行呢？

母亲对孩子训话：

"你看，不检查总会出差错。"

"你能不能用5分钟再检查一遍？"

"你再不仔细点，今天就不准看电视了！"

……

尽管父母常常"苦口婆心"，但是孩子就是"屡教不改"，看来这些语言太抽象了，对孩子的"威力"不够。于是父母找到心理医师。

第四章
运用管理的方法，做一个造就天才的能工巧匠

心理医师知道这个孩子平时喜欢画画，于是开始了这样一场对话。

医生：你知道平时人家叫马马虎虎的人什么吗？

孩子：马大哈呗！

医生：那你想不想改掉马马虎虎的毛病呢？

孩子：想啊，可就老是改不了。

医生：这样吧，你不是喜欢画画吗？可不可以画三幅图，分别是马大哈、马小哈、马不哈，意思是"不认真"、"稍认真"、"很认真"。如果你觉得画不了这么多，用其他的图片也可以。

孩子：（笑着）这倒挺有意思。好啊，接下来干什么呢？

医生：在你做作业的地方，墙上、书桌上都可以，布置一个地方，就暂时叫"记录板"吧，专门用来贴这些"马大哈"、"马小哈"和"马不哈"。你做作业的时候很容易看到这些画，让这些画提醒你。做完作业之后，先自己检查，再请爸爸妈妈检查，然后看是"马大哈"、"马小哈"，还是"马不哈"，再把相应的图画贴到记录板上。一个星期后数数有几个。我相信只要坚持两三周，你的"马大哈"的帽子就会小很多了！

孩子：（大笑）好玩儿好玩儿！

医生：回去会不会照办呢？

孩子：可以！

孩子回去之后，在父母的指导下，当天就画出了图画，建好了专栏。经过两三个星期，孩子"马大哈"的毛病的确改了不少。

再看另一个例子：

有个女孩今年8岁，小学二年级学生。妈妈反映，她身上有很多坏毛病，比如：咬指甲、粗心、动作慢、爱发脾气等等。母亲对此不知说了多少遍"手指甲脏吃到嘴里要生病"、"粗心大意会吃亏"、"动作快一点就可以省下时间玩儿了"、"乱发脾气的人没人会喜欢"等。可是这个女孩"江山易改，本性难移"，就是改不了。父母对此一筹莫展。

父母不得不去找心理医师。

下面是医生与女孩的对话：

医生：你爱听人说好话，还是爱听人说坏话？

女孩：当然爱听好话了。

医生：如果你的手里拿着垃圾，你准备怎么办呢？

女孩：扔掉呗。

医生：这个办法不错。你妈妈说你"咬手指甲"、"粗心"、"动作慢"、"爱发脾气"，这些东西就是你身上的"垃圾"，你愿不愿意把这些"垃圾"也扔掉呢？

女孩：愿意。

医生：我们一起想想办法，把这些"垃圾"扔掉，好不好？

女孩：好的。

医生：这样很好。你回家以后，和妈妈一起把那些"垃圾"分别写在一条条的纸上，贴在你能看到的地方，每改掉一个，就把那条"垃圾"揉成团扔到你专用的垃圾桶里，然后请妈妈写一句好话贴在空出来的地方。如果哪天老毛病又犯了，就得又从垃圾桶里捡回已经扔掉的"垃圾"重新贴上，而且还要大声读三遍。你愿意这样去做吗？

女孩：愿意。不过爸爸妈妈的身上也有垃圾，他们的垃圾扔不扔呢？

医生：既然你爸爸妈妈的身上也有"垃圾"，自然应该写出来。你回去之后，把你的"垃圾"写出来贴好之后，就帮爸爸妈妈把他们的"垃圾"写出来贴到他们看得见的地方，你问问他们愿意不愿意。

妈妈：当然可以。爸爸妈妈不好的地方也一起改！如果你做得好，我们会奖励！

医生：这下你可以放心了。爸爸妈妈也会与你一起扔"垃圾"。我建议你们来个比赛，看谁扔得又快又好。

……

第四章
运用管理的方法,做一个造就天才的能工巧匠

在成长过程中,孩子难免会犯各种各样的小毛病,只要父母善于引导,都是可以改善的。有效地让孩子改正自己的小错误,他们就会看到自己的进步,感受到成功的喜悦,更加努力地向好的方面发展。

48. 留给孩子希望,逐步纠正坏习惯

孩子之所以"屡教不改",就是他们没有发现改正错误的希望。有一种"代币"的方法可以起到这种作用,细心的父母不妨一试。

"代币法"是心理治疗中常用的一种行为疗法,对小年龄或智力发展沉缓的孩子效果很显著。"代币"即真正奖励物的暂时代替,就像"小红花"、"红五星"等一样。"代币"可以是实际的物件,也可以是打点、划勾一类的记号,无论什么东西都可以,但在具体使用时要合乎以下原则:

安全、耐用、便宜;数量容易控制,使用起来方便;不是孩子急切想要的东西。

这种方法的最大优点就在于当孩子表现出良好行为时,不是立刻就满足他的要求,比如"我不哭,你就得给我买玩具",而是经过一段时间才满足孩子的要求。因此,孩子要达到某种目的,就需要他将某种好行为保持一段时间后才能达到目的。这对于孩子形成良好的习惯是很有好处的。由于这种方法可以很好地提高合理行为有意识反复出现的频率,同时因为有"代币"刺激,也可以使孩子的合理行为得到进一步的鼓励,起到"望梅止渴"的作用。

请看下面这个真实的事例:

一个女孩,小学三年级学生,毛病是上课不能集中注意力、爱说闲话、做作业速度慢、脾气大、吃手指甲,甚至上学常常拖拖拉拉,等等。无奈之下,母亲只好带着孩子去看心理医生。

心理医生与女孩"谈心"。女孩也知道自己有很多"毛病",可就

是无法及时地控制自己。心理医师经过与父母研究认为,在她的旁边安个"提醒器"就可以解决问题了。

心理医师在确定了女孩本人愿意改正的决心以后,根据孩子的年龄和性格特点,决定采用"代币"法。

心理医师先同女孩的妈妈和女孩一起将所有要改正的不良行为列成表格,然后请女孩把自己想做的事、想要的东西、想实现的愿望都统统写出来,最后帮助女孩的妈妈和女孩一起制定了如下的"代币"规则。父母以自制"纸板"为"代币",具体情况如下:

(1) 每天按时到校,得1分。

(2) 上课的时候不说话,得3分。

(3) 上课回答问题,每天回答5次以上,得4分;每天回答3~5次,得3分;每天回答1~3次得2分。

(4) 独立完成作业,一个小时内完成,加1分;全对得4分;85%以上正确,得3分;60%以上正确,得2分。

(5) 自己整理书包,不要忘记带东西,不少带东西,得2分。

附加规则:

(1) 每月可先给孩子10个"预支板"。如果父母认为孩子本月表现不错,可以加入孩子的"代币"总量中,否则就要扣除。

(2) 获得老师指名表扬,每次5分。

(3) 一个星期内未受老师批评,得3分。

(4) 被老师罚抄、罚做作业或合理的批评,每次扣1分。

如果孩子表现不错,爸爸妈妈每人说5句让孩子开心的话。

孩子所得分数奖励如下:

10分,一句好话和一块巧克力;

20分,父母说表扬的话和一个小黄鸭玩具;

25分,父母说表扬的话和樱桃小丸子铅笔盒;

第四章
运用管理的方法，做一个造就天才的能工巧匠

35分，父母说表扬的话和外出游玩一次。

如果孩子不愿要以上奖品，可以把这些钱积累起来买孩子需要的东西。

这个女孩感到"代币"法很新奇而有刺激性，很乐意这样做。为了让孩子更有信心，医生让女孩把"代币"带在身边，放在口袋里或铅笔盒中。建议父母和孩子一起制作一张挂图挂在家中，比较详细地记录女孩获得"代币"的数量。

这样做有两个目的：第一，用具体可见的"代币"提醒孩子，增强她自我监督的意识。第二，具体可见的"代币"只是一种暂时的奖励替代，可以起到心理激励作用。

不同的行为对应不同的代币数目，不同的代币数目又对应不同的奖励，这样就避免了以一次行为定论的局限，可以避免主观性，又为孩子提供了足够的选择行为的方式和获取奖励的机会，孩子在行为改变的同时，就会不断形成自我管理的好习惯。

经过一段时间的施行，女孩有了很大的进步，不但上课经常受到老师的表扬，作业速度也大大提高了，父母子女的关系也得到了很大的改善。

"代币法"的具体内容可以根据孩子的不同时期灵活调整，必须记住的是，父母应该与孩子一起来完成，但是毕竟最后的行为实施者是孩子本人，所以应该注意以下几点：

（1）这种方法有"鼓励"成分，孩子应该比较容易完成，通过完成几个比较简单的行为，如按时上学或"预支代币"等形式去激发孩子的主动性。千万不要把目标定得太高，力所不能及，这样孩子就得不到刺激和鼓励，就没有信心了，就会很快丧失尝试的兴趣。

（2）属于生活必须支付的物品，父母应该照常提供，不要把这些东西也变为奖励品。

（3）奖励品要比较合理，不要"克扣"，也不要"盲目奖励"。整

个家庭都要步调一致，不能够随意改变。如果有一个人随意改变代币规则，就有可能使"代币"法无法顺利进行。

49. 利用契约限制，让孩子懂得规矩

"没有规矩，不成方圆。"大人要遵守社会公德、法律、规矩，孩子也必须遵守这些。要让孩子守规矩，从小就应该懂得遵守规矩的必要性。

有一个故事发生在美国。在一个再婚家庭里，有个少年名叫阿尔伯特，他是个非常不听话的孩子，与继父关系很紧张。平时他对继父总是绷着脸，心里怀着很强烈的对立情绪。有一次，阿尔伯特为了一点小事就用菜刀威胁继父，吓得继父只好找来警察。

后来，继父找来了心理学家。经过分析研究，发现阿尔伯特有一个爱好，就是特别喜欢开汽车，并且很希望自己拥有一部汽车。心理学家与阿尔伯特的继父商量，让阿尔伯特的继父借给阿尔伯特400美元买了一部旧汽车。继父与阿尔伯特订立了这样的一份契约，大概内容如下：

继父借给阿尔伯特400美元买一部二手汽车，阿尔伯特以每周还5美元的方式归还。阿尔伯特可以采用以下方式挣钱：

（1）阿尔伯特星期日到星期四晚上留在家里，或者在每天晚上9：30之前把汽车钥匙交给继父，每晚4角；

（2）阿尔伯特星期五和星期六晚上留在家里，或在半夜12：00前把汽车钥匙交给继父，每晚6角；

（3）每星期一次，在白天（具体时间由阿尔伯特自己决定）把门前屋后的草坪修整好，每周6角；

（4）阿尔伯特星期一到星期五，每天晚饭前把家里的狗喂好，每次1角；

（5）阿尔伯特每天6：30前回家吃晚饭，或者按早上母亲说的时间

第四章
运用管理的方法,做一个造就天才的能工巧匠

按时回家吃饭,每次5分;

(6) 阿尔伯特离家前,最迟不能超过中午,收拾好自己的房间,每天5分。

如果全部做到,这些钱正好是5美元。

阿尔伯特要是做不到,就按以下条款给予处罚:

(1) 按照不能做到的条款的价值,阿尔伯特将在下一个星期被限制使用汽车,每缺5分钱就限制使用15分钟;

(2) 阿尔伯特如果什么都办不到,就在下一个星期完全剥夺使用汽车的权力;

上述条款由继父负责执行。条款还规定,阿尔伯特做了其他好事,可以向继父和母亲提出来,并且商量好这些好事的价值。

契约还规定,双方只要提出要求,均可以修改甚至重新订立契约。

这份契约还真管用。从此以后,阿尔伯特很快地改变了他不听话的行为。为了尽快地得到这部汽车,他还表现出了许多意想不到的好行为,他与继父之间的关系也变好了。等到这部汽车属于阿尔伯特所有,他与继父之间已经建立起亲密的情感关系。

现在的父母,特别是面对初中生的时候,这种父母子女对立的情况是经常发生的。如果你遇到这种情况,不妨也采用这种方法试试。这种方法一方面是很简明,便于把握;另一方面是从小就培养孩子按照规则办事的好习惯。

50. 通过临时隔离及时终止不良行为

从很多书上或电视上都可以看到,美国的妈妈们对犯了错的孩子的惩罚是"回自己屋子去"。据说,这种"隔离法"还挺管用,调皮的孩

子出来后至少会"老实"一些,最后慢慢形成好的习惯。

"隔离法"的主要对象是出现不良行为的孩子。这种方法其实很简单,就是暂时终止孩子的活动。这种方法的主要优点是:能够在较短时间内有效地终止孩子的某些不良行为,而且父母简单易学,可以随时方便地运用。有一点非常重要:这种方法能够让父母很好地控制自己的情绪,成为孩子理性行动的榜样。这种方法既不会对孩子的身体造成任何伤害,也不会伤害孩子的感情。

让我们先来看下面的例子:

一个小孩,只有三岁,一天,他用积木砸他的小客人。

妈妈看到后说:"孩子,你不能这样做!你要再这样,我马上对你实行隔离。"

孩子嬉笑着继续扔积木。妈妈走过去,语气坚定地说:"因为你用积木砸了小朋友,所以现在我要开始对你实行隔离!"

母亲不再多说什么,抱起他走向屋中间的一张高靠背椅,把他放在上面,并把他手中拿着的积木取下,然后取一个定时器,定好三分钟时间,放在孩子看得见但是手够不着的地方。

孩子自然是满脸不高兴,从椅子上跳下来。妈妈坚定但不粗暴地把他重新抱上椅子,站在他身后监视着他,并把孩子的手交叉摆在其胸前,说:"只有你不再跳下椅子,我才会松开你的手。"

孩子挣扎了几下,发现无法挣脱,就安静下来,开始掉眼泪。妈妈装作什么都没看见,转身回到自己的房间里做自己的事。

等到定时器一响,妈妈走过去问:"你知道为什么妈妈要对你隔离吗?"

孩子不吭声,妈妈说:"你这样做是不对的,会把别人打痛的。如果你以后还这样做,妈妈还会对你隔离。不过妈妈希望你下次不这样了。"

孩子跳下椅子走了。

第四章
运用管理的方法,做一个造就天才的能工巧匠

这位母亲所使用的方法就是"临时隔离"。

这种方法的要点如下:

(1) 必须有前提

孩子用积木砸小朋友的行为,是妈妈对孩子施用"临时隔离法"的前提条件。如果没有这个前提条件,妈妈就不可能对孩子采用这种方法。

按照一般情况,这个行为在孩子的身上是经常出现的。父母在采用这种方法前,应该对孩子的这种攻击性行为进行统计。如果这种行为出现的频率较高,就必须采取必要的措施了。

资料表明,这个孩子经常发生这种行为,所以妈妈把其确定为目标行为。据介绍,妈妈在日历上记录孩子的攻击行为时,孩子好奇地问妈妈在干什么,妈妈告诉了他,记录你的这种不良行为。孩子知道妈妈在注意他的行为时,就开始有意识地克制自己这种行为,他的攻击性行为开始减少了。

(2) 控制好自己的情绪

在实施隔离法时,父母要始终很好地控制住自己的情绪,不能因为孩子反抗而大打出手。

父母实施这种方法时,不要发火,也不要吼叫,只需要简短地说明隔离的理由就可以了。有人建议用不超过十个字的话来说明隔离理由,冷静地终止孩子的攻击性行为。而且这位孩子的妈妈是在孩子的行为发生后 10 秒钟内实行隔离的,这符合隔离法的及时性原则。

(3) 选择合适的隔离地点

实施临时隔离,必须选择合适的地点作为隔离区。

父母要根据孩子年龄的大小,充分考虑安全因素,把隔离地点选在父母完全能够控制的范围之内。如这位母亲把地点选择在靠背椅上,就是因为孩子的年龄比较小。

对年龄大一些的孩子,可以选择卫生间、储藏室、走廊等作为隔离

地点。选择地点时总的原则是让孩子感到无聊、单调、枯燥，但又应该是安全的地点，不能让孩子感到恐惧。并且要保证隔离期终止之前孩子不能接触一切游戏和活动。如果家里正在开着电视或录音机，也必须关掉，不能让孩子在被隔离的时候偷着看电视和听音乐。

（4）恰当的时间

隔离时间的长短一般是"1岁1分钟"。

这位孩子只有3岁，所以时间设定为3分钟。要让孩子知道，是定时器而不是妈妈决定孩子什么时候停止隔离。所以有铃声而可移动的定时器是隔离法必备的工具。妈妈把定时器放在孩子够不着的地方，是为了防止孩子把定时器作为玩具。

（5）父母要若即若离

在隔离期间，父母应该做自己的事而不是一直在旁边看着孩子。

如果父母一直盯着孩子，孩子就觉得自己虽然受到了惩罚，但是同时也引起了父母的注意。虽然这种注意是负面的注意，但是孩子也会非常在意。事实证明，有的孩子会为了得到这种注意而有意干坏事。父母的过分关注常常会降低惩罚效果。

（6）说明原因

隔离结束时，父母要简短地向孩子说明被隔离的原因。

孩子的年龄很小，所以要加深孩子的印象。隔离结束，父母向孩子说明原因可以加深孩子对隔离原因的印象。因为有些孩子年龄太小，常常会忘记被隔离的原因。

孩子受到隔离，一般不会有太好的情绪，所以，父母不要太在意孩子的情绪。

"临时隔离法"适用于2~12岁的孩子。这种方法看起来简单，但是常常很有效。因为，在孩子看来，离开伙伴、停止活动是最不能容忍的惩罚。被隔离过的孩子都不愿意再次被隔离。在他们看来，那种滋味是不好受的。

第四章
运用管理的方法,做一个造就天才的能工巧匠

用情绪去管理,发挥情商的威力

孩子都是情绪化的,所以要有效地调动孩子的情绪。这是增加孩子前进动力的最简单又最有效的方法。一句鼓励的话,一本恰当的书,一支歌,一首诗;摸摸孩子,拉拉家常,都是激发孩子情绪的好方法。孩子的情绪调动起来了,什么样的困难都能克服,什么样的问题都能解决。这就是情商的无限威力!

51. 活用童话诱导孩子,营造快乐气氛

童话是通过幻想创造的情境和形象来曲折地反映生活的,可以在娱乐中对孩子进行启发和教育。同时,童话具有浅显通俗,亲切风趣的特点,适应孩子的智力发展和心理特点。可以毫不夸张地说,任何孩子的成长都必须经历一个从童话世界走向现实世界的阶段。童话世界所打下的基础直接影响现实世界孩子的素质。

父母为了营造"童话气氛",让孩子尽情地遨游美丽的"童话世界"中,可以从以下方面着手:

(1) 让孩子的居室体现童话环境

叶圣陶先生说过:"图画不单是文字的说明,且可拓展儿童的想象,涵养儿童的美感。"很多父母都为自己的孩子开辟了小房间,即便居室面积有限,也为孩子划出了一角。在这片属于孩子的天地里,父母应该精心布置,比如在墙壁上张挂些动物图画、幼儿活动图片,在桌子上放些动植物的工艺品等。家具样式应该小巧、别致、活泼、亲切,颜色最好丰富多彩一点,最好不要选用单调压抑的色彩。一般来说,要根据孩

子心理特点，体现出大自然欢畅、明丽的风格。孩子的床单、被面、枕头、窗帘、衣裤、鞋帽等生活用品都可以有童话图案。

(2) 经常用童话熏陶孩子

从一般的情况看，孩子从三岁起就由简单的词汇向句子表述发展了，句子结构由短到长，表达的意思也由简单到复杂。在这段时期，孩子的语言发展水平与智力发展水平是成正比的。因此，父母尽量多地给孩子讲童话是训练孩子语言能力的最佳方法。有很多童话词汇是孩子很容易记住的，比如"月亮妈妈"、"星星宝宝"、"大风伯伯"、"太阳公公"、"牛伯伯"、"马叔叔"……

看到一种景物，父母就用童话语言表述出来，然后让孩子跟着复述，比如看到牛羊鸡鸭狗等动物，父母就可以不断地鼓励孩子对它们进行描述，外貌、神态、动作、心理怎么样，它们的家在哪儿，去干什么等等。时间长了，这种做法不仅训练孩子的语言能力，开发孩子的大脑，孩子也逐渐养成观察探索大自然的兴趣和习惯。

(3) 让孩子听童话、看童话、讲童话

童话对于孩子的吸引力是不言而喻的，孩子对于童话具有极强的适应能力。在孩子眼里，一切景、情、事、物都是童话，他们时时刻刻都在用童话眼光和思维去观察和解释眼里的世界。面对这种情况，父母应该有计划、有步骤地为孩子购买童话书籍，并在一旁作必要的讲解指导，让孩子头脑里不断积累童话故事。同时，还可以让孩子听童话磁带，既可以训练孩子的听力水平，又可以开发孩子的想象力。而且，孩子的耳畔是美妙动听的童话语言，脑里是无尽美丽的想象。看动画片也是很必要的。动画片内容精彩，直观形象，可以用来训练孩子分辨是非的能力，开发大脑的潜力，帮助他们认识生活中的真善美与假恶丑。还可以安排一些时间让孩子听轻音乐，用优美的旋律来培养和谐的精神和愉快的情感。

另外，还可以经常带孩子去郊野，去农村，观察各种家禽动物，观

第四章
运用管理的方法,做一个造就天才的能工巧匠

赏迷人的自然风光。与此同时,父母经常给孩子讲一些童话故事,与孩子做一些童话游戏,这样也可以逐步增加孩子对生活的感受和领悟,培养良好的意志和道德。

实践证明,长期感受"童话氛围"的孩子,其感知能力、理解能力、判断能力、鉴别能力、表达能力、想象力、模仿能力、动手能力、创造能力都会超过很少接触"童话氛围"的同龄孩子。

这就要求年轻的父母们要想方设法为孩子成长创造契机,尽可能在家庭环境中创设"童话氛围",潜移默化地启发熏陶孩子,提高他们的智力和心理素质。让孩子把童话当作认识世界的工具、走向生活的阶梯,一步步长大成人。

52. 预防消极情绪,走向积极人生

积极的情绪和消极的情绪是很不同的,对孩子所产生的影响差异很大。积极的情绪使孩子上进,消极的情绪让孩子退步。所以预防消极情绪是父母的一个主要任务。

消极情绪对孩子的影响很大,父母要让孩子远离消极情绪。父母的情绪对孩子的影响极大,父母要在孩子面前保持良好的情绪。父母忧愁抑郁,就应该尽量地避开孩子,不要当着他们的面发泄。

孩子为什么会产生消极情绪呢?这还得从孩子心理发展的规律说起。

心理学研究发现,孩子的心理发展呈现下面的规律:

婴儿在出生后的第6个月就会有选择地微笑。8个月时会害怕陌生人,与母亲短暂分离会引起焦躁不安,这表示婴儿在这一时期已经有了一定的心理活动。婴幼儿对父母的感情依赖贯穿于他早期的全部生活,父母的一言一行都可能对孩子产生潜在的影响。

一周岁的幼儿已与母亲建立了紧密而牢固的联系,与父亲及其他关

系亲近的人也有了很好的感情交流。一周岁时，幼儿已开始希望获得父母的喜欢。这一时期是幼儿学走路、学说话的阶段。幼儿已能控制自己的行为，记忆力、想象力、思考能力逐步形成雏型。对事物好奇心增强，模仿能力迅速增长，已经初步具备喜怒哀乐的情感活动，在此期间幼儿的情绪是很不稳定的，对事情也没有辨别对错的能力。

这是一个人各种心理特征形成雏型的阶段。这一时期，孩子如能得到正确的引导，对他形成良好的心理素质有极大的帮助。如引导不当，则可能发展成一个有各种心理问题的人，例如常产生消极情绪。

具有消极情绪的孩子通常会有下列表现：

(1) 经常哭泣

通常，孩子哭泣是因为饥饿或疲劳，但是哭泣也是减轻压力的一种自然方式。发展心理学家阿利瑟·所特著的《流眼泪与发脾气》一书中说，"哭泣是一种自然愈合机制"，当孩子受到太强的刺激不知如何放松时，他们就垮了下来，然后大声啼哭，这就是为什么在生日聚会上总会有很多哭成泪人的孩子。随着儿童年龄的增长，眼泪仍然是他们在情绪激动时释放压力的一种方式，所以父母不要忽视他们的哭泣，应该充满爱意、心平气和地对待。

(2) 睡眠不安

对孩子来讲，夜晚总是很难度过的。把婴儿或咿呀学语的孩子和他们的父母分开，他们会很自然地感到焦虑。在想象力丰富的学龄儿童脑子里，壁橱可能是妖魔鬼怪的藏身之所。如果说你的孩子长期失眠，那一定是有什么事情在困扰着他们。

在睡觉前和你的孩子聊聊天，给他们一个机会说出心里话，这有可能会改善他的睡眠不佳的现状。

(3) 疾病反复

如果你的孩子叫嚷肚子疼或头疼，但又没有任何外在的症状，那么他可能就是精神紧张。曾经有一对父母正在闹离婚，他们的孩子表现得

第四章
运用管理的方法，做一个造就天才的能工巧匠

非常焦虑，不断地去医务室检查，说自己头疼。作为父母，即使你怀疑孩子在装病，也应该带他去看医生。美国华盛顿的国家儿童医院的儿科主任本·基特曼建议，一旦诊断出疾病，应首先治疗儿童的情绪和心理，而不是身体。

（4）攻击性行为

"语言能力有限的儿童减轻压力的惟一方式就是咬激怒或欺负他的伙伴。孩子的愤怒可能源于心情压抑。"这就是阿利瑟·所特称的"碎饼干现象"——一个两岁的孩子不大可能由于得到一块碎饼干而感到不安，只是将其作为借口释放早晨郁积的沮丧心情。父母应该尽量少告诉他做什么以及如何做，否则只能增加他的压力。孩子需要无忧无虑的玩耍，做自己想做的事情。

（5）过度忧虑

孩子看到新闻中灾难的报道而害怕飓风是情理之中的事。同样，学生害怕临近的考试也是正常的。但如果他们害怕所有的人和事就不正常了，他们越感到软弱无助，害怕的东西就越多。

（6）说谎和欺骗

四五岁的学龄前儿童有时会撒谎，但他们经常并不知道他们行为的后果。大一点的孩子在已经能够分清真假的情况下也会撒谎，这大多数是因为他们受到很多的压力。

8岁左右的孩子更关注自己在学校的表现。10岁的时候他们会有诸如"别人喜欢我吗"这样的社交考虑，归根结底，他们想取悦于父母，担心会辜负他们的期望。如果承认自己辜负了父母的期望，他们会感到羞愧。因此，他们就编造了一些父母喜欢听的话，让父母高兴。

（7）拒绝吃饭

一些挑食的孩子胃口小，没有食欲；另一些在饭桌上明确表示不喜欢某些饭菜，但最终他们会吃掉喜欢的饭菜；而对于可能患有饮食紊乱的孩子，他们就干脆不去想自己饿不饿。如果孩子谈到饮食，简单地把

食物分成"好的"和"坏的",或过量运动以"燃烧脂肪",这可能意味着你的孩子正在试图通过一种不健康的方法控制自己的身体,从而达到控制压力的目的。

消极情绪对孩子的影响是很大的,所以父母要让孩子远离消极情绪。父母的情绪对孩子的影响极大,所以父母要特别注意在孩子面前保持良好的情绪。父母也是人,也有七情六欲,有时忧愁抑郁,有时大发雷霆,有时还会伤心哭泣。如果父母产生这些情绪的时候,就应该尽量地避开孩子,不要当着他们的面发泄。

反之,快乐是一种心情,也是一种性格。这两者不同的是,快乐的心情是暂时的,有起有伏;而快乐的性格是长期的,比较稳定。一个人拥有一时的快乐心情是比较容易的,而要拥有一个快乐的性格就不是那样容易了。但是性格是可以培养的,父母应该把孩子培养成为一名乐天派,这对孩子的健康成长是很有好处的。

53. 利用艺术,减轻孩子的压力、焦虑

压力是现代人无法避免的烦恼,也逐渐成为都市人的现代病。孩子也不例外。我们这里介绍两种自助减压的方法,即艺术治疗和音乐治疗。

(1)艺术治疗

孩子如果感到心理压力很大,可以选择艺术治疗的方法。在艺术治疗的过程中,孩子可以从一种受压的精神情绪中转为深度松弛,由恐惧转为充满灵感和创造力的精神状态。

艺术治疗简单直接,可以尝试自己一个人进行或受艺术治疗师的指导,和其他人员一起进行创作。这种方法并不需要特别的技巧,一切东西都以发自内心为"最高境界"。

艺术治疗的主要方法如下。

第四章
运用管理的方法,做一个造就天才的能工巧匠

①选择一种艺术方法或艺术媒介,这些东西可以是孩子学习或经验过的,也可以是从没有接触过的,例如:

音乐:这种方式最简单,最容易,即兴而行,可以不用乐器,只用嘴巴就可以了!

绘画:拿起画笔就画,每一笔都是随心所欲,都是自己心思的表现。孩子想涂改就涂改,因为这种东西做起来是很容易的。

面具制作:戴面具是孩子们都比较喜欢的事情。面具制作并不难,并且孩子戴上了自己制作的面具常常都会产生一种自豪感。

舞蹈:鼓励和支持孩子跳舞。跳舞不一定在舞台上,也不一定有多么优美的舞姿,只要令人心情舒畅就可以了。很多孩子对这种方式是不甚喜欢的。

堆沙:喜欢堆沙是孩子的天性,可以锻炼孩子的手和大脑,可以说是一种很好的艺术方式。堆沙让人手感十足,亲身体验并可以快速改变形态,可以快速接触到内心的感情及精神。

②替孩子寻找一个创作的空间:地点、时间及心灵空间。

③为孩子准备所需材料。

④毫无顾忌地迈出第一步:画第一条线、发出第一个声音、跳出第一步、捏出第一个形状……

⑤告诉孩子,一切都可以随心所欲,不要受任何限制。随时涂改或重新创作,放下偏见,放开怀抱。

完成作品并展现在眼前的时候,这种艺术治疗就可以说是完成了。

(2) 音乐治疗

音乐治疗是通过音乐、乐器或音乐活动来维持、重整、促进身心健康的一种方法。研究认为,音乐对人的健康有重大的帮助,甚至是重病患者的最佳治疗方法。近些年来,用音乐去帮助孩子减轻压力的方法十分流行。选择什么样的音乐减轻压力,完全是随心所欲,就看孩子喜欢什么了。无论是古典、浪漫、现代派摇滚乐还是爵士乐,只要旋律优

美，能使人安静轻松就可以了。

在音乐治疗中，人们经常提到的是"莫扎特效应"。莫扎特的乐曲优美动人，绕梁三日，其高音频的乐声伴着和谐生动的旋律，活化了生命，是为脑筋及身躯而作的治疗艺术品。

根据专家研究，莫扎特的乐曲能引起以下反应：

①提高孩子的注意力，促进孩子的创造力，增加孩子的语言能力，刺激直觉和第六感官、提高孩子的智商（IQ）及强化孩子的右脑功能。

②舒缓孩子的身心，减低精神及情绪压力，是孩子繁忙一天之后最好的享受，让孩子悠哉悠哉地进入甜蜜梦乡。

③自然地释放情绪的旧包袱和感情创伤，让孩子更容易听到内心深处的声音，改善感受，增添生命力，调节生活速度。

④改善孩子的身体活动及协调能力。

⑤改善心跳速率，保持血压及体温的正常。

可能莫扎特音乐还不止这些作用。很多研究证明，孩子听音乐最好选择节奏比较好的，合乎人体活动的节律，比如中国古典音乐《高山流水》等。这个问题我们在其他地方还会详细讨论。

用音乐减轻压力的方法很多，除了欣赏莫扎特的乐曲外，还可以让孩子自己或与他的朋友们一起试试以下方式：

①引吭高歌，可以随意，不要拘泥。

②让孩子自编谱曲。

③鼓励孩子自己作词。

④与孩子一起分析和讨论歌词。

⑤让孩子弹奏或乱弹乐器。

⑥让孩子随着音乐创作动作，翩翩起舞。

⑦进行音乐游戏。

⑧让孩子模仿乐器的声音或作一般声音模仿。

父母和孩子都可以尽量运用自己丰富的想象力和创造力，想出更多

第四章
运用管理的方法,做一个造就天才的能工巧匠

更好的方法,用音乐去尽情地放松,让音乐发挥更大的威力。

目前市面上流行的胎教音乐很受欢迎,那些悠扬、轻柔、婉转的曲调不仅使母亲听了心旷神怡,而且使母体内的胎儿也能受到感染,使他们生活的"宫内世界"也像母体外一样的充满阳光,从而使他们变得健康、漂亮、聪明。

美国佛罗里达州、加利福尼亚州的政府有这样的法规,每一名新生婴儿都必须获赠莫扎特、贝多芬的音乐激光唱片。这是因为研究显示,聆听这两名大师的音乐能够提高儿童的智商。

除此,他们还有这样的规定,上述两个州内的每一间托儿所都必须播放莫扎特与贝多芬的音乐给孩子们听,以便进一步为儿童营造一个能提升智商的环境。

当人们欣赏音乐时,不论是大人还是孩子,常常会有一种陶醉感。音乐可以使人忘却身边纷扰的世界,进入一个神仙般的世界。难怪心理学家常常呼吁,要善于使用美妙的音乐来调节自己的情绪,陶冶自己的情操。

对于孩子来说,一般自出生之前就对音乐有好感,出生后不断发展着对音乐的喜好,3~4岁时就已初步具备欣赏音乐的能力了。音乐能使孩子享受一种深深的爱,使孩子的心情充满欢乐。这种情绪会促使孩子神经系统的发育完善,能够调节血流量和神经系统的活动功能,有利于孩子的记忆、理解、想象思维等各种能力的发展。

不少学者对音乐进行过研究,发现音乐的音品、音调、节奏、旋律、音质的不同,会对人体产生镇静、镇痛、调节情绪等不同功能。

人的情绪是一项复杂的活动,与大脑皮层下丘脑、边缘叶有密切关系。因此,美妙的音乐能使孩子的心境愉快。这种愉快的情绪能够有效地改善和调整大脑皮层及边缘叶的生理功能,从而使孩子的神经系统发育得更加完善。这种作用是其他教育所不能比拟的,这也是那些音乐大师的作品广泛流传、经久不衰的原因。

孩子的音乐活动包括唱歌、音乐欣赏、节奏乐器、音乐游戏及舞蹈等。通过这些活动，孩子们增强了对音乐的欣赏能力，开扩了知识眼界，不仅对一般孩子而言如此，就是对弱智的孩子也有着令人惊奇的效果。曾有一名"智能不足"的孩子，在学校音乐老师的培养下，从自己听音乐到参加打击乐演奏，到伴随音乐跳舞，孩子的智力因此大大提高。这说明音乐在启迪孩子智能方面有重大作用。

还有些家庭为孩子准备了乐器，让孩子自幼开始学习音乐。这种演奏活动使孩子的双手更加协调。美国加利福尼亚大学医学教授阿特拉斯经过多年研究指出：

学习弹乐器的人，由于左右手指神经末梢经常运动，能促进大脑两半球的发展。

因为弹奏时，视觉、听觉、触觉及整个肌体都必须处在协调一致的积极状态下，所以能够训练孩子的思维、注意力和记忆力，启发想象力和创造力。实验证明，学音乐的孩子学其他课程都比较快。

由此可见，父母不应该忽视音乐的力量。这种力量或许在短时间内并不显著，但那潜藏的能力终将表现出来。

54. 寻找孩子的优点，增加学习兴趣

好玩儿是孩子的天性，所以父母如果能够想方设法寓教于乐，提高孩子的学习兴趣，孩子的这种毛病是可以克服的。然而，有些父母为了孩子早日成"龙"，增加了大量的课外作业，给孩子报了这样那样的班，把孩子玩儿的时间都占用了。父母没有注意到孩子的心理承受能力，一干就是几个小时。这样，孩子产生厌学情绪就比较自然了。如果这样发展下去，势必形成恶性循环，孩子不但成不了"龙"，极有可能要成为"虫"。

很多父母都会遇到孩子不爱做作业的问题。因此，围绕着做作业的

第四章
运用管理的方法,做一个造就天才的能工巧匠

问题,父母可谓伤尽了脑筋,有诉不完的苦,说不尽的累。有的父母哄着孩子做作业,有的父母打着、骂着孩子做作业。而孩子比较普遍地存在依赖心理、厌学情绪,把做作业视为一大负担。

怎样才能改变这种状况呢?

儿童教育专家开出了以下药方:

首先,应该加强娱乐教育,提高学习兴趣。

对这样的"问题儿童"。有识之士已经多次指出,早期教育最重要的是培养孩子的学习能力和学习兴趣,而不应该过早地强调孩子掌握靠死记硬背、不能理解或很长时间都派不上用场的知识。

父母应该明白"鱼"与"网"的关系。只要孩子具备了很强的学习能力和学习兴趣,就不愁学习不到知识了。学习能力和学习兴趣是"网",知识是"鱼",这个道理是显而易见的。我们经常都在说一句话,叫做"授之以鱼,不如授之以渔"。道理很简单,要教给孩子的是学习的方法,要培养孩子学习的兴趣,而不是东拉西扯的所谓知识。因此,父母应该不失时机地把孩子学习的内容融合到现实生活中去,融合到娱乐和游戏之中。父母可以利用各种方式,如问答式、猜谜法、比赛法等帮助孩子学习,这样既可以让孩子学到知识,又增加学习兴趣,提高了学习能力。父母要尽量避免刻板的做作业的方法,而要让做作业变得生动而有趣。年龄越小的孩子越应该引起父母的注意。

其次,在学习、做作业的问题上,父母不能与孩子讨价还价。

父母就应该让孩子从小明白,学习是孩子自己必须做的事,没有任何讨价的余地。在此基础上,可以一步一步地结合一些具体的实例,如名人刻苦学习成材的故事,使学习成为儿童的自觉行动。当然,父母不失时机地给孩子以鼓励和奖励,也是强化孩子正确心理的重要手段,但是千万不可因此变成孩子向父母讨价还价的方式。

在作业辅导中,父母应注意以下技巧:

(1)预习的时候要找出疑难问题,复习旧知识要联系新知识。年

龄大的孩子学习的内容比较多,要做的作业也多,在这种情况下,父母应该教给孩子一些学习方法和技巧。预习找难点,以便孩子听课的时候能够抓住重点,提高听课的效率;复习的时候把旧知识与新知识联系起来,使孩子所学知识能够融会贯通,新的知识容易理解,旧的知识掌握得更牢固。

(2) 学习与休息要妥善安排,不要打疲劳战。孩子注意力集中的时间比较短,一般在 30 分钟左右。所以,孩子做作业的时候要注意休息,才能提高学习效率。而且孩子的大脑活动容易兴奋,也容易疲劳。因此,父母不仅要注意孩子的休息,还要积极鼓励孩子适当地参加体育锻炼,让孩子的大脑及身体都得到积极性休息。适当的体育锻炼和身体活动对调剂大脑功能会起到很好的作用。父母还要注意保证孩子有足够的时间睡眠,及时给孩子补充营养。

(3) 课内的知识是主线,课外的知识是辅线,课内的知识与课外的知识要联系紧密,不要脱节。如果单纯地复习课本上的知识,孩子一般都会感到枯燥无味。在学好课本知识的前提之下,父母要尽可能地多联系课外的知识,包括直接的观察、实践,间接的辅助书等,要尽量开阔孩子的眼界,扩大知识的领域,增加孩子的学习兴趣,这对书本知识的学习会起到很好的推动和促进作用。

另外,希望孩子学习好,最好的办法还是鼓励。

怎样鼓励孩子学习呢?

哥伦比亚大学的盖兹和匹斯兰德两位教授,曾经针对"奖惩在学习上的效果"做了一项心理实验。

他们两人经由随机取样,在某校挑选了一些学生进行测验。他们先把这些学生分成 A、B、C 三组,然后举行考试。隔了三天之后,再举行同样的考试。不同的是在第二次考试之前,先对 A 组学生加以鼓励,称赞他们考得很好;而给予 B 组惩罚,责怪他们没有考好;至于 C 组学生,则不给予鼓励,也不给予惩罚。实验结果发现,受到鼓励的 A

第四章
运用管理的方法,做一个造就天才的能工巧匠

组第二次考试的成绩最好,其次是受到惩罚的 B 组,没有受到奖惩的 C 组反而考得最糟。

这项心理实验虽然不能断定鼓励的效果必定优于惩罚,但至少证明了奖惩对孩子的影响比"不闻不问"来得大。至于是鼓励好,还是惩罚好,则必须视孩子的个别差异而做适度的调配。父母尤须注意的是,不论采用鼓励还是惩罚的方式,都应特别小心,千万不可用成人的尺度去衡量或要求孩子,以免在无意间伤害孩子。

很多父母以为,孩子开始上学就表示孩子已经懂事,事实上,许多低年级的孩子,其心智成长仍然停留在幼儿阶段,因此对于年龄小的孩子,鼓励的次数要多,而且要将鼓励的原因和具体的行为告诉他们。例如当你发现孩子今天表现得不错时,不能只是说"嗯,你今天表现得不错"或"很好",而是要清楚地告诉他:"你今天没有和哥哥抢东西,又能自动把玩具收好,妈妈很高兴!"或是告诉他:"你今天没有把衣服弄脏,而且又很快把习题写完,很好哦!"这种清楚而具体的奖励方式才能使孩子了解什么是良好的行为,什么行为是父母所期望的。

此外,要特别提醒父母的是,低年级的孩子通常没有很清楚的是非概念,他们会一再重复曾经挨骂或被夸奖的事情,而且他们都认为自己是好孩子、是对的。因此,父母对于孩子的良好行为必须当场给予鼓励,而且不断地重复,使孩子产生"这样做才是好孩子"的意识,进而才能渐渐地朝着这些行为去发展。

中年级的孩子以年龄和心智发展来说,已经可以按照父母的期望或既定的目标去学习,但是并不是所有的孩子都能达到父母的理想,因此这个阶段的孩子就渐渐被区分为"受夸奖"及"常挨骂"两类。对于"常挨骂"型的孩子,有不少父母会有"真叫我不知如何鼓励他"的烦恼。其实,任何一个孩子都有他的优点,只是父母太注意他的缺点而忽视优点了。

对于这种缺点较多的孩子,父母除了经常提醒他的优点外,还可以

为他制造"获得鼓励的机会",也就是除了根据事实给予鼓励外,附带地给予孩子其他方面的建议,使他产生某种自觉,而朝好的方面去发展。例如孩子不爱整洁,常把周遭的东西弄得乱七八糟,可是却对美劳很感兴趣,父母除了夸赞他的美劳外,还可鼓励孩子,何不设计一个漂亮的百宝箱,既可以放许多东西,还可以美化书桌呢?这种利用孩子的兴趣(或优点)鼓励孩子去改变其他缺点的方式,会比正面的责骂更为有效,同时孩子不断地获得父母的鼓励,也较容易对自己产生信心。

然而"制造鼓励的机会"不可操之过急,刚开始只能为孩子制造一两个机会,等到孩子完成了,并得到父母的赞许后,再渐渐增加其他机会。

到了高年级,孩子的个别差异愈来愈显著,所以要给予孩子奖励之前,一定要了解孩子的个性与想法。一般来说,高年级的孩子思想较敏锐,是非观念也较清楚,因此,父母根据事实给予鼓励就愈来愈重要。这时,不适合以对待低年级孩子的口吻如"你很乖喔"、"你很听话喔"来鼓励高年级的孩子,更不适合用夸张或过度的方式奖励他们。因为这个阶段的孩子,大多觉得自己已经长大了,所以比较希望父母以对待成人的方式对待他们,也就是以诚恳而富于建设性的话来勉励他们。例如当孩子考试考好时,他可能不再需要听到"你真棒"、"你真聪明"之类的话,而是希望听到"这表示你很认真,你的辛苦得到了代价,我很为你高兴"之类较恳切而实在的话。

奖励高年级的孩子时,父母说话的语气或脸部的表情也须格外注意。因为这阶段的孩子较敏感,父母的态度不诚恳或带有命令式的口吻会使孩子不易接受,甚至产生"反感"。相反地,若是父母的表情温柔关爱,语气极为富有感情时,孩子不但易受感动,而且较乐意接受父母的勉励,如此才能真正发挥奖励的功效。

为了鼓励孩子好好学习,可以进行必要的物质奖励。

利用有形物质奖励的方式,也许会使某些人以为这是"诱饵钓

第四章
运用管理的方法,做一个造就天才的能工巧匠

鱼",让孩子产生一种被哄骗的感觉,万一父母有时失信了,容易成为孩子推卸责任的借口。

但是,即使一支铅笔、一块橡皮擦……对于得到它的孩子来说,最大意义是一种象征,象征某方面或某个行为受到肯定和欣赏。

一位家里有3个孩子的妈妈说:

为了培养孩子们的阅读和兴趣,我在厨房的冰箱门上贴了一张纸,分别写了三个孩子的名字,举行阅读比赛。我规定孩子们每读完一本书,要在笔记本上以简短的文字,五行或六行,将摘要、主人翁和有趣、特殊的地方记下来。每次,当他们把读完的书和写好的笔记拿来给我时,我就在冰箱门上,在他们的名字下划上一条线,根据线的多寡,可以看出谁读的书最多,写得最好。每两个月结算一次,最多、最好的可以得到一样礼物。孩子都有好胜心,如此一来,他们变得非常勤快。

这个方法除了可以用在培养阅读能力上,还可以用于"习字"、"培养良好饮食习惯"等等,用途非常广泛。

而通过这种利用"图表"记录的方式,每个孩子也可以从中知道自己努力的结果。因此,这种方式不仅针对良好行为,更能使儿童从心理上产生朝目标努力的欲望。

当然,不要让这种物质奖励变成了贿赂。

有些父母常常会跟孩子说:"如果你考一百分,我就买机器人给你。"用酬赏的方式鼓励孩子某种行为,做什么事就给东西或金钱的奖赏方式,容易养成孩子偏向功利主义的习性,到后来,孩子可能每个行为、每个表现都只是纯粹为了物质,没有物质,他就会立即停止努力。

我们建议,父母应该要提升奖赏的层次,借以避免有形物质奖赏的弊端。

当孩子有好的行为表现时,父母所给予的奖赏等于告诉孩子:"这种行为是对的,继续!继续!"头几次父母利用东西或金钱来奖赏孩子,是为了增强孩子对这种好行为的印象,接着父母就应该停止如此的奖

赏，视这些行为为孩子应该遵行的，而渐渐地他也无需依赖奖赏，却能持续下去！

父母如果不提升奖赏的层次，孩子会养成怎样的人格呢？

有一位专家是这样说的：

那就是被动、欠缺动机——凡事都要有目的才会去做。这种性格自然会影响他将来与人相处的态度，他会以为利用金钱等物质就可以换取一切，甚至包括别人的心，因为别人也是一生如此待他的。这种沟通就难以坦诚了。

因此，父母在激发孩子某种行为之后，一旦达成目的，就要转向另一要求的标准上，才能让他在做完一件事之后，不会只想到奖赏；也才不以"获得奖赏"作为所有行为表现的动机。

最关键的是帮助孩子建构学习的心境。

对孩子来说，父母对自己表现出的好奇心是非常重要的，这种好奇心可以使孩子更自信，让他感到被重视的快乐，因此与孩子一起分享学习的兴趣是快乐的。这需要父母与孩子共同来完成。

当你和孩子共同完成任务或你为他作示范时，需考虑以下几点：如何让这项工作对孩子更有趣？怎样使用非言语沟通的方式进行教学？你能否简化工作，以便孩子能抓住要点？

例如，教孩子操作现实的工具和物品是精细动作技能发展的开端。只要多花些时间慢慢地、仔细地教会孩子如何操作机械，他在学习的过程中就会提高精细动作能力，并成功地完成任务。你可以采用慢动作，少用语言而更关注行动的方式，向孩子演示你真正希望他学习的内容。请记住，孩子喜欢做事情时慢一点儿，有些技能即使他以前已经掌握了，他也有可能要求你重复做给他看。

让孩子自由选择不同的操作方法也是十分必要的。只要孩子能够成功地完成任务，父母应该允许孩子采用各种不同的方法。在活动和学习过程中让孩子自由选择，你的孩子就会勇于负责，并学会随机应变。

第四章
运用管理的方法,做一个造就天才的能工巧匠

要让孩子以自己的速度来自行完成任务。提供一个能满足孩子需要的环境,如准备一条安全的木凳,让他自己到壁橱里拿自己的衣服或在浴室中拿自己的毛巾。到一定的发展阶段,可允许他试着把水倒进玻璃杯,洗刷塑料碗和使用测量工具。相信这些活动都是他自己感兴趣的,这种兴趣会促使他更深入地学习。提供选择的自由,能让他顺利地从感兴趣转变为主动参与。

在进行创造性的训练时,要经常给予孩子鼓励。有趣而富有挑战性的任务能激发孩子完成的动机。例如,你可以说:"看看你能叠多少件衣服?"或说:"看看你能把一桶水灌得满满的吗?"

如果可能,当孩子专心做某事时,不要打断他,即使他的行为是无意义的或重复的。学习是孩子最重要的工作。如果你尊重他及他所做的事,你就可以很容易地教会他尊重他人及他人的劳动。

对于孩子自己从事的工作,要给予充分的信任。如果他遇到了困难,你可以给他提出各种意见,也可建议他采用某种方法,这将有助于培养孩子自己解决问题的技能。父母最好不要替他完成任务。

有的家庭给孩子的房间摆满满的家具,玩具满眼都是,这样做不利于孩子的活动和休息。因为孩子的活动量比较大,家具过多势必增加活动障碍,过小的孩子行走、玩耍、进出还会发生磕磕碰碰的小事故。摆放的东西及玩具太多,还会显得比较零乱,打扫卫生也比较麻烦,既不利于孩子养成爱好清洁的好习惯,也不利于孩子健康成长。给孩子安排的房间,除家具摆设应照顾到孩子的特点之外,居室的装饰也应体现孩子的特点,使孩子对自己的居住环境情有独钟。

首先,孩子房间的灯应光线柔和,不宜过于明亮刺眼。柔和的灯光可以给孩子一个安静合适、和谐安全的环境。其次,房间色彩要鲜艳,要符合儿童的心理特点和喜爱。男孩子的房间可以以蓝色调为主,女孩子的房间可以以粉色调为主,其他装饰也可以大胆地使用多种色彩,使孩子对多彩世界充满兴趣和热爱。房间内装饰的图案可以用动物或是卡

通画图案，使孩子仿佛生活在童话世界中，激发起孩子丰富的想象力。墙上的装饰也可以尽情展示孩子的个人喜好。

55. 不滥用父母权威，尊重孩子的自主权

孩子没有兴趣，没有学习的要求，父母只是管束、训斥和强迫，孩子是不可能学好的。而且时间长了，孩子还会对画画、写字、弹琴反感、厌恶，以致消极对抗。这样的事我们见过和听过的都很多。那就是：你一定要我画，我就乱画；父母一来检查，画的都是圆圈圈，字写的东倒西歪……这还是好的，老实的。

有这样一个悲剧。一个小学生，父母要他学钢琴。每天下午放学，就必须先练一个小时钢琴，然后做功课。星期天更是得忙上一上午补习班，下午还要上教师家里学琴，孩子对弹琴没有兴趣。他看见钢琴就厌恶，他几次想把钢琴毁掉，几次反抗："我不弹，我不要学。你打死我，我也弹不好！"但父母却不顾孩子的兴趣与反抗，一定要孩子学："已经学了两年了，花了这么多钱？你应该争气，把琴学好！今后每天不弹熟练习曲，就不许出去玩儿！"

孩子无奈，为了断掉父母要他学琴的念头，有一天在放学回家时，他用石头砸了自己的一根手指。

艺术家是需要从小培养的，儿童的智力也应该从幼儿时开始启发；同时应该先从培养儿童的兴趣着手。而兴趣又是因人而异的，绝不能由父母来主观决定或强加于孩子的身上。在幼儿时期，做父母的可以鼓励孩子们学习和接触各种事物——画画、写字、弹琴、跳舞、武术等等，启发孩子的兴趣，让他们自己产生学习的要求。只有当孩子们愿意学习时，他们才能把坐在桌前画画、写字、坐在琴前弹琴当作一乐事，一两小时还嫌少，他们的学习也才会进步。

反之，没有自觉的要求，即使可以强迫一个时期，也不可能持久。

第四章
运用管理的方法，做一个造就天才的能工巧匠

这是因为一个人不论做什么事情和学习什么东西，只有当他把自己的身心都投入到那件事情上时，才能做好或学好。

另外，近些年社会上兴起了经商热，人人都只想赚钱。于是有些父母不让孩子读书，要他们未成年的孩子辍学去做买卖。这当然是一种短视，而且是极端错误的，贻误了孩子。因为经商、做买卖也是需要知识的，一个文盲是做不好生意的。

而且更糟糕的是，有的孩子要读书，死命要读书，不肯去做小买卖。可是父母则钻到钱眼里已经出不来了，强迫自己的子女辍学。曾有一个县的商人，就因为强要念中学的女儿辍学去做生意，女儿不肯，在父亲的一再逼迫下自杀了。

所以，做父母的绝不可以滥用自己的权威，强迫子女做他们所不愿做的事。哪怕是好事，父母的要求是正确的，也只能耐心地开导，绝不能一意孤行，不能强迫、蛮干。

56. 科学抚摸孩子，训练孩子触觉敏感度

科学研究表明，孩子从生命开始的时候就接触母体的"抚触"的刺激。胎儿在子宫内和自然分娩过程中都接受了来自羊水和产道的特殊"抚触"，对孩子来说这是良性刺激。孩子出生以后，这种抚摸逐渐减少，因而缺乏足够的利好刺激。所以，父母应该经常抚摸孩子，这样能够增进孩子的安全感和喜悦的心情。

美国迈阿密大学是世界上第一个就"抚触"活动与孩子健康之间的关系进行研究的机构。该研究中心的研究报告指出："抚触"活动非常有利于婴幼儿的生长发育，能够减少哭闹，增加睡眠，增进食物的消化和吸收，从而增强免疫能力。而且这种活动能够增进父母与孩子之间心理上的互动，对孩子是一种必不可少的需求。

很多父母都比较注意对孩子视觉、听觉能力的训练，而往往忽视了

训练孩子的触觉。心理学研究证明，触觉发展对儿童心理的正常发展有重要的意义。

人的胚胎共由三层组成：内层发展为内脏，中层发展为骨骼和肌肉，外层形成皮肤和脑神经细胞，所以婴幼儿期的皮肤触觉非常敏感。孩子在出生时经过产道的挤压，最先受到特殊的触觉刺激。孩子在成长过程中，通过吸吮乳头，接受母亲的爱抚，跟小朋友玩闹等活动，都可以进行充分的触觉训练。

如果孩子有下列情况，如剖腹产、缺乏母乳喂养、父母对孩子早期限制活动过多等，都会造成孩子触觉敏感度降低。

父母可以按照下列方面来检查孩子在触觉方面有无问题：

(1) 孩子在家里面对人很暴躁，说话不讲理，而到了外面则胆子很小，很怕事，就是人们常说的"家里疯"。

(2) 对新环境很害怕，常常是刚到一个地方就要求父母带着离开。

(3) 挑食、偏食，不爱吃菜或软皮等。

(4) 很怕羞，有人就感到不安，喜欢一个人在一起，不爱跟别的小朋友玩儿。

(5) 喜欢粘人和被人搂抱，不喜欢陌生环境。

(6) 看电视或听故事，容易受感动，大叫或大笑，害怕比较恐怖的镜头。

(7) 特别怕黑暗，总是喜欢别人和自己作伴。

(8) 晚上不睡觉，早上不起床，上学、放学都很拖拉。

(9) 容易生小病，生病后便不愿意上学，常常没有原因就拒绝上学。

(10) 喜欢把手放在嘴里，有时咬指甲，不喜欢剪指甲等。

(11) 只要一换床就睡不着觉，不愿意换被子或睡衣，外出的时候常常担心睡觉会出问题。

(12) 显得很霸道，不让别人碰他的东西，常常无缘无故地发

第四章
运用管理的方法，做一个造就天才的能工巧匠

脾气。

（13）不喜欢和别人谈话、玩碰触游戏，不爱洗脸和洗澡。

（14）对自己的东西过分保护，特别讨厌别人从背后接近他。

（15）不爱玩沙土和水等，很怕脏，有洁癖倾向。

（16）说话的时候不喜欢用眼睛望着人，喜欢用手势来表达自己的意思。

（17）对危险和疼痛的反应比较迟钝或反应过于激烈。

（18）听而不见，过分安静，表情冷静，无故嬉笑。

（19）行为过分安静或坚持古怪玩法。

（20）喜欢咬人，并且常常咬固定的人，有时无故碰坏东西。

（21）性格内向，比较软弱，爱哭，常常触摸生殖器。

这些行为可以分为五等，即：

"总是如此"得1分，"常常如此"得2分，"有时如此"得3分，"很少如此"得4分，"从不这样"得5分。

孩子的得分越少，触觉敏感程度就越低。总分不到60分的孩子属于触觉敏感度低的孩子，应该及时去咨询心理医师。

现在，我们介绍一些有关触觉的经历。

早在妈妈的肚子里，"孩子"就开始接受抚摸了。出生后，孩子更是对妈妈的爱抚百触不厌。不要小看这不经意的小小拥抱或亲吻，这可是孩子人生道路上的重要一步。

以下介绍几种抱孩子的方法，以便训练孩子触觉：

（1）抱起侧卧的婴儿

孩子在摇床和活动床里侧着睡觉是很安全的。父母抱起孩子时，把一只手轻轻放在孩子的头颈部下方，另一只手放在臀下。把孩子抱进手中，确保头不耷拉下来，慢慢地、轻轻地抬高孩子的位置。让孩子靠着你的身体抱住，然后你的前臂轻轻地滑向孩子的头下方。让孩子的头靠在你的肘部上，他会感到一种安全感。

（2）抱起俯卧的孩子

先把一只手轻轻放在孩子的胸部下面，前臂支住他的下巴，再把另一只手放在他的臀下。慢慢抬高孩子的身体，让他面转向你，靠近你身体。你那只支撑他头部的手向前滑动，直至孩子的头舒适地躺在你的肘弯上；另一只手就放在孩子的臀下和腿部，孩子就像躺在摇篮里一样，就会感到安全了。

（3）侧着放下孩子

当要把孩子放到床上睡觉时，要让孩子躺在手臂中再放到床上去，孩子的头要靠着肘部。把孩子放到床上后，轻轻地抽出放在孩子臀部下面的那只手。抬高孩子的头部，轻轻地抽出手，然后再轻轻放下孩子的头。

（4）让孩子面向前

3个月大的孩子是比较机灵的，可以清楚地看见自己面前的东西。父母可以把一只手放在他的两腿中间，用另一只手围住他的胸部，让孩子的头对看着你的脸。此时的孩子已经不再需要父母去扶住他的头了。

（5）让孩子骑着坐在你的胯部

3个月大的孩子如果觉得坐得不舒服，他就会自己调整位置；当孩子感到不够安全时，就会紧紧地抱着父母。

父母应该记住，在抱孩子的时候，千万不要忘了抚摸孩子。这样做，可以更加有利于孩子的触觉敏感度的增加。

对于小孩子来说，身体和身体的接触会使他们产生一种心气相通的感觉，而让他们有一种安全感。所以，在言语奖励的同时，如果能够再以动作辅助，更容易使孩子感动，使他们的行动更加积极化。

"握握手"就是一种辅以动作的奖励手段。从形态加以分类，它属于态度亲切的奖励方式。另外，一边摸孩子的头，一边夸奖他，往往为他们带来一种受到依赖者关爱的喜悦。

"摸摸头"的奖励方式固然可以收到即刻的效果，可是最好是有目

第四章
运用管理的方法，做一个造就天才的能工巧匠

的、有计划地给予奖励，最好先让孩子明白："好孩子爸爸妈妈才这样鼓励他哦！"这样才能容易使孩子接受。

"拍肩膀"会使孩子产生一种和父母相契的真实感。专家认为："爸爸或妈妈的手仿佛一条管道，爱和关怀借此流到孩子的身上。"同时，孩子肩头承受的重量也使他们心田深处留下印象，仿佛爸爸或妈妈的手一直停在他们的肩头上。不过，这种方式最好在私下的奖励场合使用，尤其是对于有问题的孩子。

父母要知道，奖励的主要目的是使孩子能够自动自发地学习和进步。同时，鼓励的时效非常重要，不要不经意地错过时机。另外，若要加强与孩子间的亲密关系，心灵的感觉非常重要，而这种心与心的连接点，就是这些亲切的鼓励。

许多年轻的妈妈们不禁会问："这么神奇的抚触怎么做？由谁来做？"

美国迈阿密大学研究中心的专家指出：

在进行这种"抚触"活动的时候，小儿应该处于半空腹、沐浴后的状态为最佳，而且应在温暖舒适的环境中进行。操作者应摘下戒指，充分洗手，之后用婴儿润肤油或者爽身粉擦于手掌两侧，搓匀，然后做"抚触"活动，可以边和孩子说话或放些轻柔的音乐边进行。应该按照头、胸、腹、四肢、背部、臀部的顺序进行。时间为每日1~3次，从每次5分钟渐增至每次15分钟。如果孩子哭闹、不配合，应该暂时停止操作。

具体操作方法如下：

头部（四节）

第一节：两手拇指从眉心部位交替向上滑动，止于前额中部。

第二节：两手拇指由眉心沿眉弓上缘向外滑动，止于太阳穴，然后依旧向上至发际。

第三节：两手拇指由下颌中央分别向外上方滑动，止于耳前。

第四节：四指并拢，用指腹部从前额中央发际插入，向后经枕骨粗隆绕至耳后乳突处轻压后止，每四拍完成后在插入发际时外移一指，以达到通过 4~6 次移动可抚触整个头部。

胸腹部（二节）

第一节：食指中指并拢用两指腹（或手掌外缘）由肋缘下端腋中线部位经胸前向对侧锁骨中点滑动，两手交替进行，应避免接触小儿乳头。

第二节：母亲右手四指并拢由小儿右下腹——右上腹——左上腹——左下腹滑动，左手加半圈，至右上腹——左上腹——左下腹止。

四肢（上肢五节，下肢五节）

上肢第一节：双手抓上脚近躯干端，虎口向外，边挤边滑向远端（腕关节处），大拇指止于小儿掌心。

第二节：由近端向远端搓揉大肌肉群和关节。

第三节：两手拇指置于小儿掌心，两手交替用四指腹由腕部向指头按摩手背。

第四节：两手拇指交替于小儿掌侧由腕部向四指根部按摩。

第五节：用拇指和中指捏住小儿手指，食指在上方起固定作用，由指根部捏向指头，每个手指做五拍。

下肢五节与上肢一、二、三、四、五节同。

背部（二节）

第一节：小儿呈俯卧位，双手食指和中指并拢，在小儿背部脊柱两侧由上滑向骶尾部。

第二节：双手拇指由脊柱两侧水平滑向两侧，每四拍后向下移动一指距离直至骶尾部止。

臀部（一节）

两手大鱼际或掌心分别按住小儿臀部左右侧均向外侧旋转按摩四拍。

第四章
运用管理的方法，做一个造就天才的能工巧匠

关于怎样充分发挥抚摸的作用，父母要善于学习，细心体会，可能还会创造出更多的好方法呢。

57. 倾听孩子诉说，让孩子离开恐惧

孩子的恐惧心理是随年龄的增长而增长的，在与父母进行思想交流并对外部世界进行认识、思考的过程中出现的。孩子的恐惧心理严重，往往容易形成胆怯、畏缩不前的性格，从而导致心理不健康。为此，对孩子的害怕心理，父母要弄清原因，具体对待，采取有效的措施加以预防。

孩子出现恐惧，这是很正常的，关键是父母怎样帮助孩子离开恐惧。

下面是一些方法：

（1）鼓励孩子说出恐惧

精神治疗师罗伯特·达施说："父母对孩子恐惧心理的最大帮助是，听听他说明自己为何恐惧。"比如说，一位怕狗的小孩在对父亲说完自己为何怕狗后，父母居然说："狗有什么好怕？"把孩子的恐惧当成"无稽之谈"才是一种伤害，因为他们很容易从不了解中扩大误解。

（2）不要嘲笑或惩罚他

骂孩子"胆小鬼"只会收到相反的效果，同时也是对孩子的不尊重。切记！孩子不是恐惧的制造者，而是受害者。让孩子明白，父母的确了解他的恐惧，愿意和他一起克服恐惧，这才是帮助孩子的好办法。

（3）多点贴心的理解

试图了解孩子的恐惧，别忘了改用童话式的观点。比如孩子告诉怕鬼，父母最好能非常认真地陪他到床底下、壁橱内张望一下，甚至在夜里和他一起"守夜抓鬼"，好让孩子确定真的没有鬼在作怪——要知道，这种方式往往比讲大道理有效！

（4）留意孩子的紧张迹象

如果孩子的恐惧已持续了一段时间，而且没有消减的趋势，父母最好找一位有经验的心理医师、儿童心理学家或教育专家，进行追踪检查与治疗。

让孩子从小就体会到父母是关心他们的，家庭是温暖的，生活是美好的。让孩子明白，即使碰到困难，也是可以克服的。人的胆量的正常变化呈现 U 字型特点：开始的时候孩子年纪小，生活经验贫乏，不懂得什么是危险，也就表现得很胆大，所谓"初生牛犊不畏虎"，说的就是这个道理。随着年龄不断增加，孩子的害怕心理随着年龄的增加而增长，可以说害怕是在与外部世界进行交流的过程中出现的。到了成年，随着对世界的本来面目的了解，值得害怕的东西就越来越少了。

在这种意义上说，"恐怖源于无知"这句名言是很有道理的。

鼓励孩子了解世界，让孩子在知识的增长中对恐怖进行"脱敏"，才是训练孩子胆量的根本办法。

孩子的害怕心理严重，往往容易形成胆怯、畏缩不前的性格，从而导致心理不健康。为此，对孩子的害怕心理，大人应弄清原因，具体对待，采取有效的措施加以防止。

一般说，孩子的害怕心理多半是被恐吓出来的。孩子年幼无知，受到恐吓就会产生害怕心理。这种情况完全是父母造成的。当孩子不听话或不顺从大人意志时，许多父母为图省事或无能为力，喜欢用恐吓的方法使孩子就范。目前，类似的情况是屡见不鲜的。

孩子最相信父母的话，他们受到恐吓后，只知道害怕，而不知道为什么可怕，这种害怕心理对孩子的身心发育极为不利，而且使他们对外界产生错误认识。因为用以恐吓孩子的某些东西都是现实生活中不存在的（如鬼），或者是虽然可怕，但在生活中对孩子根本构不成威胁、危害（如狼、老虎等）。事实上任何东西一经歪曲，其形象都可以用来恐吓无知的孩子。

第四章
运用管理的方法,做一个造就天才的能工巧匠

要注意以下方面。

(1) 恐吓孩子有百害而无一利

孩子哭闹时,大人应耐心、和蔼地劝解,以缓和孩子的激动情绪,并转移他们的注意力,使孩子对大人提出的新问题产生兴趣,从而自然地终止哭闹。至于孩子睡眠、吃饭、穿衣等问题,大人要用讲故事、表扬、鼓励等方式启发、诱导孩子重视大人的要求,切忌使用恐吓的方法。如果孩子已经形成这种害怕心理,父母应及早停止这些做法,并通过讲述科学道理、实际示范和让孩子实际观察,对孩子进行耐心的教育、启发或鼓励。这样,孩子的害怕心理就会逐渐消除。

此外,孩子感觉到客观上实际存在的威胁、压力,而无力对付时,也会产生害怕心理。幼儿园大班孩子往往有这种心理,例如,迟到了不敢进幼儿园,受大孩子威胁后不敢出门等等。这种害怕心理光靠讲道理是难以消除的,应该教给孩子克服那些威胁的压力的方法(如动作快,以免迟到),或改变客观状况(如处理好与其他孩子的关系)。而在这之前,大人应该承认这种害怕是有道理的。对于确实危险的事情或孩子难以适应的突然惊吓等,应给予保护,向他们讲些道理。

(2) 消除孩子恐惧心理

如果孩子因为受到大孩子或坏人的威胁而害怕,父母要想办法为孩子消除这种威胁。也就是说,父母要为孩子壮胆打气。在这种情况之下,对孩子进行必要的保护是很必要的。当然,不能太夸大这种危害,以免给孩子造成更大的心理压力。

58. 增加亲切感:父母蹲下去,孩子站起来

父母要学会放下架子,蹲下去和孩子交谈,这样孩子就会快乐,身心就会健康。做父母是一项很重要的工作,因此必须善于学习。这主要包括:父母要尊重孩子,对孩子要讲文明礼貌,还要勇于承认自己的错

误。如果这样，你就是孩子的好朋友，孩子就会尊重你，服从你。

父母不仅要关心孩子的生长发育和身体健康，还要特别关注心理健康。

下面是心理学家的几条建议：

（1）让孩子天天快乐

让孩子天天快乐是父母的一种感情投资。一个人轻松愉快地做事情，就会"乐而不倦"，有使不完的力气。父母能够让孩子"兴高采烈"去活动，孩子就会顺利，成天都高高兴兴地成长。

要达到这个目的，父母应该做到：

①为孩子树立模仿的榜样，时时处处都以乐观向上的情绪去感染孩子。

②父母之间要建立和谐、默契的关系，以便对孩子产生潜移默化的影响。"孩子的脸是父母之间关系的晴雨表"，说的就是这个道理。

③父母要对孩子进行情感投资。美国精神病专家坎贝尔指出，如果要使孩子的心理健康，父母就应该进行"感情投资"。深情地注视孩子，和孩子进行温馨的身体接触，一心一意地关心孩子，这些都是简单易行的方法。

④父母对孩子要宽严适度。父母既不能为了赢得孩子的开心和笑容，就对孩子的缺点、错误放任自流，听之任之，连不合理的要求也违心地满足；也不能时时处处苛求孩子，把孩子与同伴进行横向比较，甚至拿孩子的短处去比同伴的长处。父母要注意进行纵向比较，一旦发现孩子的闪光处和点滴进步，就要及时加以鼓励。

（2）做一个可亲可敬的父母

父母在家庭内部实行民主平等，孩子就会心理健康。调查表明，民主协商型父母与独断专制型父母相比，前者培养出来的孩子更通情达理，受同伴欢迎，能与人友好相处，乐于助人。

为了构建良好的亲子关系，对父母的要求是：

| 第四章 |
运用管理的方法，做一个造就天才的能工巧匠

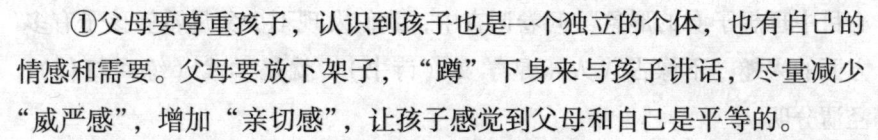

①父母要尊重孩子，认识到孩子也是一个独立的个体，也有自己的情感和需要。父母要放下架子，"蹲"下身来与孩子讲话，尽量减少"威严感"，增加"亲切感"，让孩子感觉到父母和自己是平等的。

②父母对待孩子要讲文明礼貌，不打骂孩子。一旦孩子有了成绩，做了好事，父母都要表示祝贺，绝不吝啬。

③父母要勇于承认自己的错误。当父母意识到自己对孩子可能讲错了话、做错了事，要勇于向孩子承认错误并及时道歉。这不但不会降低自己在孩子心目中的威信，反而会使孩子感到父母更加可亲可敬。

59. 发现和尊重孩子的兴趣和爱好

在很多家庭里可以发现这么一种现象：每当孩子出现一些问题时，父母往往不给孩子申辩的机会，更不愿倾听孩子的诉说。或许是因为这些父母受中国传统思想的影响太深，认为与孩子平等地交流"不成体统"。那真是一件令人感到悲哀的事情。

要是读者经常在公共的"网吧"上网，肯定会注意到一个现象，许多十几岁的男孩、女孩在那里经常做的一件事就是聊天。不了解内情的人都认为他们被"网"在聊天室里的原因是"网恋"。这当然是其中的原因之一，但是根据我们的观察，也有不少的少男少女在网上谈论的都是一些很健康的话题，如互相倾诉学习、生活上的苦恼等。这些话题他们应该是可以和父母谈论的，但是为什么要选择那个虚拟的世界呢？

可见父母与孩子之间的隔膜是存在的。

我们认为这种隔膜产生的原因之一就是父母不尊重孩子的兴趣爱好，而是用很功利的眼光来要求孩子学习各种他们并不感兴趣的东西。

近年来由于生活的不断富裕，生活水准日益提高，一般家庭包括子女通常不超过三人，父母不只是养孩子而已，更想栽培孩子成为人中之龙凤，对子女的期望比起以往历代父母自然有过之而无不及。从"父母

心目中理想子女的形象"问卷调查中，我们发现不少父母希望孩子有多方面的兴趣，不像古代人不是学文（诗书），就是学武（练兵打仗），泾渭分明。

人的兴趣本来就是单方面的，也许孩子起初不感兴趣，但在父母的引导、鼓励下，给予他良好的环境和机会去学习，孩子也可培养出兴趣来。不过，父母必须了解孩子的个别差异，他是否有能力学习，他是否愿意学习，是否有时间学习，父母有没有能力供孩子学习，都需要父母再三考虑。

何况，孩子的爱好是随着成长，一再地选择，一再地变更。有个孩子小时候喜欢玩棒球，就嚷着要当棒球国手，他母亲很担心，因为棒球国手连工作都找不到。孩子的父亲就告诉她，孩子的兴趣是会变的，目前他爱打球，可以锻炼身体，也没什么不好的。现在，他很喜欢研究天文，甚至科学知识懂得比我们还多。所以说，孩子的兴趣是很自然地表现出来的，除非是不良的嗜好，否则不要太早指出一条路，让孩子走！

自尊、自信是良好心理素质的基础标志，提高自我价值感是培养幼儿健康个性的关键。那么，培养幼儿自我价值感应从哪些方面入手呢？

首先，利用各种机会帮助幼儿获得他们可能掌握的能力。这就要求父母对幼儿要有一个恰当的期望值。我们提出的要求必须是幼儿经过努力便能达到的。另外，应尽量让孩子自己解决问题。设计一些能促使孩子成功的情境，成人一定要耐心地让幼儿完成其力所能及的活动，切不可加以干涉或包办代替，那会让幼儿永远感受不到成功的喜悦。

其次，对儿童的言行提出适度的评价，及时肯定孩子的优点、长处，以积极的、正面的态度去接纳儿童的各种行为。父母不要吝啬使用带有鼓励性的语言，因为，成人的评价在很大程度上影响着幼儿的自我评价。在这一基础上，我们要教幼儿学会正确地自我评价，让幼儿了解自己的长处与不足，并加以调整、改进。

父母爱安静，孩子爱吵闹。尤其是几个孩子在一起玩儿得起劲的时

第四章
运用管理的方法,做一个造就天才的能工巧匠

候,叽叽喳喳,闹个不停,令父母厌烦,这是家庭生活中常有的事。有些父母在外面忙碌了一天之后已精疲力竭,只想安静一下,于是不免吆喝道:"不要吵!"孩子们玩儿得正尽兴,哪里会就此收场了?父母见孩子不听话,气头当然更大了,于是骂:"吵吵闹闹,真讨厌!"

父母口里虽骂"真讨厌",并不意味着真的讨厌他们。然而骂"真讨厌",却可能变成攻击孩子的人格。孩子讨厌!很容易会损害孩子的自尊。

很多孩子本来就怀有对亲情感到不安的心理,内心常担忧父母是不是爱他们,所以这种骂法会使有的孩子更加感到不安。

还有的斥责诸如:"我看到你就生气,再也不想看到你!"或者:"我看到你就讨厌,走开,走开!"这都是一些含有敌意和憎恨的责辞,都会伤害孩子的感情和自尊,所以父母绝不能用这种话来骂自己的孩子!

儿童心理学家基·诺特把父母表达感情的方式分为三个阶段。

第一阶段是以简短的语句警告孩子:"你这样吵闹令人心烦!"或者:"不要吵!"如果这样一警告,孩子就听,那就再好不过了。

如果没有效果,孩子照样吵闹或顽皮,父母就应生气地说:"妈要发脾气了!"这是第二阶段。有的孩子是怕父母真正发脾气的,因而也可能停止吵闹。

如果仍然无效,那就只有采用第三阶段的方式了。"父母正在想事情,要你保持安静,你都不听!"或者:"你再惹我生气,我就要拿东西打你了!"这样可以把自己盛怒的心情全都表露出来,让孩子知道,但又不损及孩子的人格。

我们很赞同基·诺特的看法。责骂孩子时应把自己焦急、生气的心情直接表白出来,让孩子们知道。因为这样有助于彼此了解、沟通感情。

中国素有文明古国之称,父母也常教育子女要同左邻右舍打招呼,但是有些内向的孩子却不愿招呼别人。父母看了认为不礼貌,有时便会

催促几句，而孩子一紧张就更说不出话来了。

教育孩子讲礼貌是应该的，教孩子对左邻右舍打招呼也就教育了孩子待人、待客之道，但是要记住一点：不能用强迫的手段。尤其是当着客人的面，更不要强迫。因为孩子也有他自己的自尊心。

个性内向的孩子不但见了人不喜欢喊人，而且上课时就算了解老师所问的问题，也不敢举手作答。他们虽有实力，但成绩并不斐然，做起事来也慢慢吞吞，令父母感到焦急、不快。这时，有些父母想改变他们的个性，就会骂或唠叨："你太不活泼了！"或："你应该动作快点，上课要积极发言！"父母原以为这样催促，孩子会活泼起来，其实不然。对于那些内向、消极的孩子，大人越骂，他们会变得越畏缩、消极。尤其是父母以命令的口气强迫孩子，更会产生不良的影响。

要想改变他们的内向，父母首先应该设法消除孩子内心不必要的压力，鼓励他们和性格相同的同伴玩儿。性格相近的孩子玩儿在一起，彼此聊，说心里话，内心逐渐产生对自己的信心，消极的孩子也就能逐渐变得积极了。

这里有一点要特别提醒的，就是千万不要把自己内向的孩子放到外向活跃的孩子里面去。有的父母可能是想通过与外向的孩子多接触，让自己内向的孩子跟着活跃起来。如果是这样想，那就错了。那样做只会把事情弄得更糟。因为勉强地把内向的孩子和活泼的孩子拉在一起，他们内心会感受到更大的压力，自然而然形成一道防御的"心理屏障"，自卑感更深。

以下做法可以化解父母子女之间的隔膜：

（1）尊重孩子长大了

青春期的孩子自我观念强烈，对父母的要求和期盼往往会加以反抗，但这也表示孩子已经长大了，对事物有他自己的看法。

从这个阶段起，尊重孩子是独立的个体，培养他的责任感，才是父母最重要的任务。

第四章
运用管理的方法，做一个造就天才的能工巧匠

(2) 注意诱导孩子

13岁的陶小金在画廊看到那些抽象派的画时，对父亲说："这些画没意思。"父亲说："不懂少多嘴，你对这方面又不了解，最好搞清楚了再发表意见。"

陶小金很不服气，大声地说："我还是认为这些画没什么好的。"

这种对话有什么效果呢？只会伤害孩子的自尊心，既增长不了他对艺术的认识，也不能增进他对父亲的敬爱，他甚至会找机会回父亲一句："你对这种画又知道多少？"这就造成了双方的对立，拉大了父子间的距离。

下面这位母亲的处理就很好：

14岁的孩子跟母亲在看现代油画，他持批评态度。这时，母亲不是反驳他，而是对他加以引导。

母亲："这种抽象派的画你不喜欢？"

孩子："嗯！我觉得难看。"

母亲："那写实派的画你喜欢吗？"

孩子："写实派的画又是怎样的？"

母亲："写实派的画就是画个人就像个人，画朵花就像朵花，画间亭子像间亭子。"

孩子："噢！那我喜欢这种画。现在我才知道我喜欢写实派的画。"

对孩子进行诱导的方法很多，关键是要有耐心，不要对孩子的无知抱嘲笑的态度。

60. 为子女辩护，理解孩子的委屈

很多父母经常拿成人的观念去要求孩子，所以常常在这方面产生矛盾。护短不好，拿成人的观念去要求孩子也未必恰当。父母是孩子的辩护律师，辩护律师的职责是依法替被告洗清罪嫌或替他寻找可以减轻罪

名的证据，但只是辩护，绝不是鼓动犯罪。父母据理替孩子辩护，这样才能消除孩子的委屈，增加父母子女之间的感情。

我们看看下面这个例子：

小军，13岁，一进门，把书包一丢，就气呼呼地说："我讨厌开校车的马伯伯，他今天骂我蠢、笨，还连说三次，又打我的头。"

母亲："你一定惹他生气了，不然马伯伯怎么会无缘无故地打你。"

小军："谁惹他了？我在跟别人聊天。"

母亲："马伯伯可是个好人，他可能太累了，火气大，你们一车调皮的孩子，吵吵闹闹，他不烦才怪，我敢说他对你没有恶意。"

小军不以为然，大声喊道："你就只替他说话，护着外人，而不把我当回事。"说着就气冲冲地跑出去了。

母亲这么说，当然会使孩子生气啦！孩子自己认为受了委屈，如父母再来讲他的不是，袒护外人，这对他们是不公平、不合理的。如，孩子由于纠察队的粗暴、老师的偏心、邻居的闲话等而和他们发生争执，如果父母不替自己子女辩护，反而替这些人说话、找理由，孩子能服气吗？

有些父母可能认为帮自己孩子会把孩子宠坏，只有让孩子去吃苦头才是帮助子女做人的好方法，这种想法只会造成子女与父母的疏远。父母应像辩护律师一样做孩子的维护人，据理替孩子辩护，这样才能消除孩子的委屈。

61. 让孩子尽早尽快认识自己

孩子是否能够正确地认识自己、评价自己，是心理健康的一项重要指标，正如中国的古话"人贵有自知之明"。为了帮助孩子形成良好的自我意象，发展孩子的自尊心和自信心，提高孩子的自我意识水平，父母应该使孩子认识到世界上只有一个"我"。

"我"是独一无二的。"我"有一个动听的名字、黑头发、亮亮的

第四章
运用管理的方法,做一个造就天才的能工巧匠

眼睛、高高的个子、白白的牙齿……

"我"很能干,能用自己的双手吃饭、穿衣、剪纸、绘画、弹琴,能用自己的双脚行走、奔跑、跳跃、攀登,能用自己的鼻子闻出多种不同的味道,能用自己的耳朵听出各种奇妙的声音,能用自己的大脑创造出许多新东西……

"我"虽然有许多优点,但是也有一些缺点,不过,只要经过努力,"我"一定能够改正缺点,成为一个有用的好孩子。

为了达到这个目的,父母可以采用各种各样的方法:

(1) 鼓励孩子在镜子前照一照,看看自己的五官长得怎么样、身材如何。

(2) 诱导孩子通过不同的手段绘出自己的形象,比如孩子躺在地上,父母帮忙描出身体的轮廓,然后自己进行剪贴,也可自己画自画像。

(3) 引导孩子对自己的照片、作品进行分类、整理,按日期先后进行排列,或按照内容进行编排,建立一个较为完整的成长档案。

(4) 让孩子把各种折纸作品收集起来装订成册,使孩子能经常翻阅、观赏,为自己的进步感到骄傲和自豪,获得一种成就感。

除此之外,父母要特别注意塑造孩子良好的个性品质。幼年期是孩子性格形成的关键时期,性格特征的优劣直接影响到将来孩子各个方面的发展水平。

主要培养以下方面的性格和能力。

孩子的独立性;

孩子的克制力;

坚忍不拔的毅力;

合作能力;

承受挫折的能力。

用鼓励去管理，
让孩子获得成就感

喜欢听好话是人的天性，孩子更是如此。好话一句三冬暖。所以，发现孩子的优点是父母的一项基本功。研究证明，鼓励是孩子进步的催化剂，一句好话就是一付兴奋剂，就能发动孩子努力、奋斗。

62. 鼓励孩子提问，帮助孩子思考

年轻的爸爸妈妈都"望子成龙"，宁肯自己省吃俭用，也要进行"大规模"的"智力投资"，但是却偏偏忽视了一个既省钱又很重要的方法："帮助孩子思考"。

孩子提问的时候，父母帮助他们学会思考，这是最有效的方法之一。

每一个"为什么"都是孩子对事物的缘由或目的的想象，每一个"怎么样"都是孩子对事物发展过程与机理的思考。孩子问"是什么"时，父母往往可以随口解答，但当孩子进一步探求事物之间的关系而提出"为什么"时，就需要根据孩子的年龄特点、知识经验，深入浅出地进行回答了。如果有些问题比较难，可以暂时不要回答，而是提出建议，让孩子去观察和动手验证，这样收效会更大。

有条件的话，父母可以多给孩子创造一些亲身体验的机会，如在节假日带孩子去旅游，让孩子观察各种自然现象，增长各方面的知识。在睡觉前，父母可以讲一些生动有趣的故事，或让他们看一些画册、儿童读物等，并从中提出问题，让孩子思考、解答，使孩子的想象力更丰富，眼界更开阔。

在更多的空闲时间里，还可以利用游戏让孩子自己寻求答案。孩子是在游戏中长大，在游戏中满足求知欲的。当他们热衷于游戏活动时，

第四章
运用管理的方法,做一个造就天才的能工巧匠

父母应尽量帮助他们,为孩子提供各种各样的游戏材料,如小纸片、种子、泥土、小剪刀、积木、水、沙、颜料、空纸盒等,让他们开动脑筋去做,千万不要因害怕孩子弄脏衣服而约束他们。

在游戏之前,还可以给孩子介绍各种工具、材料的用法,并提醒孩子要注意安全。在孩子遇到困难时,要他们自己先解决,实在解决不了时,才给予一些帮助。这样可以让孩子在各种活动中,体验生活,学会思考,发展智力。

从婴儿走向幼儿,孩子从懵懵懂懂到开始接触周围的世界,逐渐认识和参与生活。这个时期也是父母感到最快乐的时期,因为可爱的孩子每天都会发生"奇迹"。瞧,个头一天天升高,理解力一天天增强,语言一天天增多。

在这样一个十分关键的时期,许多父母都在千方百计改善孩子的物质环境,却不知道为孩子营造一个适宜的精神环境,因此常常错过了孩子一生中最绚丽多彩的"童话"期。研究证明,运用童话这一艺术形式,是幼儿早期教育中最为行之有效的方法,能够很好地鼓励孩子提问,帮助孩子思考。

63. 树立信心,增加成就感

有一位老人,在战争年代,他曾是一个带兵能手,出色的指挥官。在谈到那些艰苦的岁月时,他常常感叹说:"人可以创造奇迹,而鼓励可以创造出人的奇迹。许多战士在那样艰苦的条件下,之所以能克服非人所能克服的困难,战胜无数艰难险阻,靠的就是上级对他完成任务的信心和鼓励。"

事实也是这样,一个人只要获得信心,心里一高兴,干劲一来,就可以发挥出超乎平常的能力。反过来说,一个人的努力和成绩不能得到应有的肯定,也就是说,当"报酬"不存在时,就激不起努力的兴趣,

也就不可能爆发出超凡的能力。这是人类心理的一面，也是任何人无法改变的，对大人如此，对小孩来说，更是如此。鼓励，尤其是自己父母的称赞会使孩子加倍努力。孩子所信赖也是所依靠的人，就是父母。他渴望得到父母的爱，也渴望得到父母的赞美。因而父母如果在这一点上有所疏忽，孩子的失望常常会超乎大人的想象。

有一次，孩子从学校拿回来一张奖状，高高兴兴地给我们看，我们看了，当然很高兴，称赞了几句："好！这奖状我们把它挂在你的房里！好好学习，将来当科学家，为人类造福。"这时，同他来的还有邻居的一个小女孩，我们知道她很聪明，从前也总是班上前三名，便顺便问她："玲玲，你这次得了什么呢？又考了几个一百分？"哪知这一问，小女孩哭了。安慰了好半天，她才说："我妈他们不喜欢我的奖状，也不管我得多少分。所以我也不要奖状和一百分！"

后来，我们把这事告诉了玲玲的父母。她母亲想了好久，才醒悟地说："唉，都是我一时的疏忽。玲玲这次期中考试得了几个一百分，她兴冲冲地把试卷给我看。我当时正忙着公司里的事，心里很烦，就没有多看，只说了一句'好'，就又只顾想自己的心事去了。"

她停顿了一下，然后恍然大悟说："怪不得这两月我总觉得玲玲这孩子变了，有些疏远我，和我谈话也谈得少了，念书也不专心了。"

是的，当孩子因为得到满分，而希望和母亲共同分享这快乐与荣誉时，母亲却十分冷漠，使孩子产生了一种被冷落的失落感，于是，孩子对母亲失去了信赖感，对读书的兴趣也大减。

幼年的孩子最关心的是能得到父母的爱。因而小孩子做事的意愿常因父母的反应而定，尤其是做事的精神，常有赖于父母的鼓励。著名的儿童心理学家赫洛克曾经作过一个实验。他将儿童分成四组：统制类、赞赏类、斥责类和忽视类。要他们连续做五天的加法演算。第一天的平均分数各组大致相同，然而随着时间的推移，赞赏类的成绩不断进步，其他类组成绩则逐渐落后。

第四章
运用管理的方法,做一个造就天才的能工巧匠

赫洛克认为产生这种差别的原因就在于赞赏类的孩子认为"父母对我们寄予了厚望",所以努力的欲望愈高。因而,对孩子在学习上和生活上的点滴进步,做父母的都应加以肯定:"你做得很好!"如果怕孩子得意忘形、骄傲自满,还可以再加上一句:"这次你考得很好。你应该不断努力,那么就可以每次都得满分了。"

父母称赞孩子的成绩,是对孩子努力的肯定,是为了鼓励孩子继续前进,所以称赞要恰如其分,就事论事,这样才能培养孩子务实的精神。绝不要一高兴起来,就把孩子捧上了天,说什么"只有我的孩子聪明,我就知道你一定能得一百分"!

同时,称赞和表扬孩子的时候,也不能太抽象和笼统,如"你这幅画画得跟毕卡索的一样了"或"你简直是个小画家了",因为这种抽象夸张的评价孩子理解不了,当然也就鼓舞不了孩子。称赞孩子的绘画,应该说出画本身有什么优点。如"天空的云彩很有变化"或"树圆得像活的一样"。这样孩子听了既知道自己成功的地方,又感到亲切。如果是称赞孩子的算题,可以说:"这个算法很好,清晰、简便。"

有的母亲在孩子做好一件事或考得好时,不大愿意称赞和表扬,而认为这些都是孩子分内的事,或应该做到的。话虽不错,学好功课是孩子的本分,但是他们却往往忽视了一点,那就是世上很多事都是应该的或分内的,而偏偏就有很多人做不好或者没有做好。何况是一个孩子呢?所以父母不要吝惜热情,对孩子的进步要及时鼓励,这样孩子就会不断进步!

64. 发现闪光点,塑造孩子个性

父母认为怎样的行为才符合奖赏的条件,在订标准时,无形中也教导孩子辨别是非的原则和观念。但对于什么是对,什么是错,正值学习过程中的孩子往往模糊不清,必须依靠父母的指示才能加以判断。

很多父母都认为，如果孩子完全遵照他们的理想去做，绝对没问题，他们也为能拥有个听话的孩子得意，却很少有父母会去担心可能因此养出个懦弱、没有主见的孩子。

没有主见、事事依赖的个性，往往是从小被要求顺着人家意思去做而塑造出来的。前述得意的父母一定不乐于见到孩子将来也是让人牵着鼻子走的人，所以，聪明的父母不应该只是培养听话的孩子，而更应培养有自己的判断能力的孩子。

虽然父母已经有一套明确、周详的是非标准，却不必急着一朝一夕就把它们完全灌输给孩子，父母、兄姐的"以身作则"事实上就是帮助孩子学习自己处理事情、自己解决问题的最佳参照了。日久之后，孩子自然也能在内心建立一套自己的价值标准。

有时候让孩子自己选择行为的方向，是训练他独立判断能力的好时机，如果家里的人一向就是循规蹈矩的话，孩子的抉择也不会偏失到哪里去，父母大可以不必专横地替他决定。当孩子有了自己的判断能力，奖赏就是用来尊重、支持他的意见，肯定他的行为。

赏识导致成功，抱怨导致失败，这是一位父亲总结出来的教育心得。

这位父亲名叫周弘，他的女儿周婷婷幼时又聋又哑。但是，在周弘的"赏识—成功"教育下，加上老师和众多热心人的帮助，周婷婷不仅能听会说，还充分发挥了自己的各种潜能，享受了更多的人生幸福和成就感。1993年她被评为全国十佳少先队员，后来又成为一名残疾少年大学生。据悉，在周弘的"赏识—成功"教育下，上百名被认为是"差生"的孩子转变为好学生。

奥秘在哪里呢？

周弘说：

小孩子学说话，无论说得多含糊，父母都报以热烈的赞扬，结果呢，绝大多数孩子都学会了世界上最难的口语。而现在，我们为什么不用赏识的目光凝视自己的孩子，却要抱怨呢？

第四章
运用管理的方法,做一个造就天才的能工巧匠

抱怨教育不承认孩子间的差异,不允许失败,结果使孩子害怕失败,使差异扩大;赏识教育承认差异,肯定孩子的长处和点滴进步,结果使差异缩小、消失。

你想让孩子聪明吗?那么找出孩子聪明的"星星之火"、"吹风鼓气",它就会成为"燎原之势"。你嫌孩子写字慢吗?那么他哪天有进步,你就"小题大作","无限夸大"地表扬他。坚持下去,一定会有惊人的结果!

然而,在现实生活中,抱怨多于赏识的事实比比皆是,这正是教育失败的重要原因。从某种角度说,中国现行的教育具有淘汰性的特点。每年大概有50%的同龄人考上大学,却有92.8%的父母希望孩子读大学,19.3%的父母还希望孩子读博士,教育几乎成了以升学考试为中心的应试教育。这样,淘汰性的教育必然是一种导致儿童失败的教育,而期望过高的父母们面对孩子不可避免的失败,难免抱怨四起,从而导致大面积的悲剧现象。

正因为如此,中国教育界开始了由应试教育向素质教育转变的重大变革,而"赏识—成功"教育就是素质教育的基本内容之一。

做为父母,借鉴一下周弘先生的做法,去赏识一下自己的孩子,将是一个了不起的实践。当我们换了一种心态,以欣赏的目光激励孩子,孩子们的变化就会令人惊喜。

(1) 发言的时候

给孩子发言的机会非常重要。当然,他们的思考过程难免会有错误。"怎么啦,怎么会连这个都不懂?""简直就是笨蛋嘛!""多用一下大脑好不好!"这类话父母不应该随口而出,否则只会使孩子更加别扭和执拗。

父母若是一口就否决孩子的想法,那么,由于否定而产生的挫折感往往会使孩子再也不肯继续想下去,或是再也不肯发言和回答问题。

所以,碰到这种情形,父母可以用比较婉转的方法,例如说:"你的想法我不太明白,你要不要再想一想,想清楚一点再告诉我好吗?"

引导孩子从别的角度去思考，还可以提高他的自信心。

当孩子对"什么是对的"还模糊不清时，还是避免马上使用嘉奖和鼓励，父母要先对孩子有所了解。仔细留心孩子的发言内容，才有助于父母对孩子的了解。

（2）活动的时候

其实，除了因为知识或行为上的良好表现，孩子可以得到奖励之外，父母更可利用孩子在休息、游戏或出神发呆的时候，走到他们旁边，用手拍拍他们，以表达一种关爱。

每个人都有胜任和愉快的时候，也有不知所措的时候，即使是运动也一样，大部分的人只熟悉一种或数种运动，而无法全能。

当孩子们对于自己拿手的运动，不但表现好，并且专心投入、全力以赴时，父母应当把握机会，以一种明确清晰的方式给以鼓励。同时，若能对孩子从开始到结束的整个过程予以正面的肯定，通常这种鼓励会使孩子在练习过程中努力不懈。

（3）帮忙家事的时候

在家里孩子经常会帮忙做一些轻松的家事，只要他们卖力、认真，就值得父母赞美。当父母走过正在扫地的孩子身旁，尽管慷慨地说："这么干净，走起来真舒服。"或："辛苦你啦！"

奖励的词句无论多么简短，孩子们都将感受到无比的快乐。特别要注意的是，对于这种场合的鼓励，父母一定要保持某种程度的理性。千万不要说得抑扬顿挫，过于感情化，只要有诚意，孩子就能感受到，所以，父母不能毫无理由凭空地夸奖孩子。

（4）在众人面前的时候

值得注意的是，当众表扬孩子时，父母的情绪不可过于激动，也不要唠叨个没完没了，或者反反复复一再重叙。换句话说，就是避免内容贫乏而又夸张的赞美，否则受夸奖的孩子非但喜悦感消失，更可能产生厌烦，进而产生反抗和逃避的心理。

第四章
运用管理的方法,做一个造就天才的能工巧匠

鼓励孩子的方法很多,下面介绍几种:

①选择适当的词句

奖励有两个基本目的,除了针对孩子具体的好行为给予鼓励,使他养成良好的学习态度、生活习惯外,也要使其他孩子兴起效法的意愿。比如在公共汽车上让座,如果孩子出现这样的行为,父母就应该及时表扬:"真乖哦,做个有礼貌的孩子。"这对其他孩子具有启发作用,只是不要老举同一个人来奖励,以免有偏颇之嫌。

同样,奖励时也要顾虑到不伤害到其他的孩子。当同样的问题却有两个以上的答案时,赞许正确的一边,应该立即附带慰抚错误的一边。例如:"姐姐很细心,真是了不起,妹妹的意思妈妈也懂得,讲得相当清楚,只可惜忽略了一点……"

②掌握具体的事实

目前每个学校都设有"家庭联络簿",父母可以叮咛孩子:"这是爸妈跟老师联络用的簿子,要好好保存。每天记下所有要联络的事项,不可以忘记哦!"

联络簿可以让父母了解孩子们在学校的情形,依据他们的表现给予适度的鼓励,帮助他们进步。

也许,刚开始联络簿上的赞扬和鼓励并不会产生什么效果,但父母必须持续不断地加以鼓励和关心。

学校和家庭的相互配合,由父母和老师一起来关心孩子,加强彼此的联络,掌握具体的事实,才能给予孩子最有效的指导。

最重要的是,父母必须和老师沟通良好,同时对孩子有清楚的认识,这样,奖励的步调才能一致,才能产生最大的效果。

③让外人来夸奖或教育孩子

大人出去看朋友和拜访亲戚,孩子总是纠缠着要去。但是有些父母却很不愿带自己的孩子到别人家里去。他们觉得自己的孩子吵闹不听话,怕惹亲戚朋友嫌恶。确实,这也是实情。探亲戚看朋友,大人们有

大人们的事情，大人们的话题。如果主人家没有孩子，那么孩子没有玩伴，必然会围着大人吵闹，或者到处乱跑，或者好奇地把主人家的摆设东摸摸、西动动，父母怕自己的孩子弄坏别人家的东西，总想制止，于是责骂孩子："在别人家里你也不能安静一点吗？"当然，这种责骂通常是不会有很大的效果的，因为孩子知道父母在别人家里是不会厉声责骂的。

而且，如果父母在别人家里责骂得多了，那家主人也会说："不要紧，没有关系。"这当然也是主人无可奈何的一种客套话。然而，孩子不可能理解到这一点。相反，他们得到主人家的袒护，还会更不听话。遇到这种情况，父母不妨趁机问："你们家的孩子是不是也这么吵？孩子这么不听话，你们也原谅吗？"尽管这时主人不便说"我们家孩子没有这么吵闹"或"我们不许孩子这么吵闹"，但是看着对方的脸色，孩子也会体会到主人是不喜欢吵闹的孩子的！这时，父母就可趁热打铁说："在别人家做客，是不能吵闹的！"孩子没趣，就会听话、规矩了。

同时如果双方有默契，主人讲一两句我们家孩子从不吵闹之类的话，那会对孩子的教育更大。利用别人家的规矩来教导孩子，孩子容易接受些，也比较容易变得有礼貌。因为孩子对别人说的话，比自己父母所说的话容易听得进去。父母利用儿童的这种心理，经常带孩子到亲友家走一走，让孩子学习礼貌规矩，不失为一种教育子女的好方法。

（4）借重周围的人鼓励孩子

来自父亲或母亲的夸奖对于孩子而言是种鼓励，但有时候，兄弟姐妹、叔叔、阿姨等周围的人所给予的赞美，其具有的影响效果更大，往往也是促使孩子进步的最好动力。

①兄弟姐妹

培养孩子之间彼此赞美与欣赏的习惯，不仅能加深手足之情，增添亲切感，他们也从中学习了如何观察别人的行为，懂得关心别人的事。

②年长的亲属

父母可借重家里年长亲属来传达对孩子的赞美和鼓励。直接受到赞

第四章
运用管理的方法，做一个造就天才的能工巧匠

美当然令人高兴，但是如果孩子由其他长辈的口中听到："你爸爸妈妈跟我说了，他们都赞你确实是他们的好孩子，我也觉得你好棒呢！"孩子所受的激励一定更多。这种间接的赞美愈是不留痕迹，愈能使孩子们自然而然地相信。

③老师等

父母应有"再小的善行都该加以奖励"的观念，并且除了奖励结果之外，也须鼓励努力的过程。因此，父母可以利用电话或家庭联络簿，和孩子学校的老师共同了解孩子的优点，以及商讨适当的奖励方法，以隐恶扬善的鼓励方式代替吹毛求疵。如此一来，在融洽的气氛中，孩子才能保持愉快的学习情绪。

65. 放手让孩子编织人生美梦

顺应孩子的能力及兴趣，给予适当的引导和关照，使孩子身心健康，能掌握成功的机会，也懂得忍受挫折，孩子便能正常地成长——这才是父母所应扮好的角色。不要天天忙着工作、应酬，不清楚孩子真正的兴趣和志向所在，却要求孩子要如何如何，等孩子达不到自己的期望时，不仅孩子觉得难过，自己也会感到挫折、失望。

我们曾经采访过这样一个教师，他讲了这样一段经历：

我大学毕业的时候曾经在一所当时称为"贵族学校"的私立中学实习。那里面的学生大多数是来自相当富裕、父母又忙于做生意没有时间管孩子的家庭。坦率地说，这些孩子虽然个个活泼健康、聪明伶俐，但是都属于"有点问题"的那一类，贪玩儿、任性，在来这个学校之前学习成绩比较差，少数已经受到不良影视节目的影响，满脑袋尽是江湖这一类的东西，有的甚至管我这种年轻的老师叫"老大"。

当时那个学校的校长交给我的一个任务就是和学生探讨认真学习的重要性。

这时碰到一个贪玩儿但是爱动脑筋的学生，质问我的口气还真有点苏格拉底的风格。

以下是我们当时的对白：

"你应该认真学习。"

"为什么要学习？"

"认真学习才能考上大学呀。"

"为什么要考大学？"

"因为上大学才能找到工作。"

"为什么要找工作？"

"有工作才能有合法的收入，才能有钱支持自己独立生活呀。"

"我爸爸有的是钱。"

我当时一时语塞，真的没有理由说服这个养尊处优的男孩。

其实这个大男孩道出的何尝不是事实：努力学习、上大学、找工作、养家糊口只不过是那些靠不着父母的孩子的人生必由之路。对于这样衣食不愁的孩子来说，人生如果没有更大的理想与追求，挑灯夜读真的是一件莫名其妙的事情。

现在经常也有父母向我们诉苦："我的孩子，条件这么好，就是不好好地学习，整天无所事事。"

我们的答案是这样的：让孩子自己为自己编织一个梦！一个更高、更远、更美丽的人生之梦！这样他才会有学习、奋斗的动力，就像那些农家子弟一样。但是现在的许多父母依然把自己少年时代的理想压在孩子的肩上。

其实，青少年时期是一个开始认识自己的时期，青少年们常会问："我将来能做什么？"这一点他们不能确定，可是他们能够确定自己不愿意做的是什么。他们害怕将来是个忙忙碌碌的人，他们变成不听话和反抗父母的孩子，只是为了亲自体验一下他们的自主能力。他们并不是故意想要反抗父母，他们的内心也是非常矛盾的。

| 第四章 |
运用管理的方法，做一个造就天才的能工巧匠

他们的痛苦也是多方面的，有肉体的行动，精神上的刺激，不满现状和害羞的苦恼等。要使青春期的少男少女凡事都能称心如意，是件不可能的事。他控制不住自己，可以说是心不由己地闯下了祸事。

同时各种大众传播的媒介也常把青少年带进紧张又痛苦的境地。电视广告大肆宣扬某某化妆品如何好；广播电台介绍给青少年们如何常保口齿芬芳，如何矫正牙齿；怎样洗除头皮屑；有些杂志刊载青少年如何增长身高，怎样增加体重或怎样减肥，怎样锻炼肌肉和保持优美的身材。青少年们如果试过那些灵验良方，结果毫无功效，要是没有加深他们的痛苦，已经是不幸中的大幸了，这些父母都要理解并帮助他们。

随着孩子年龄的增大，父母可以逐步地提高对孩子的期望值，并且允许孩子自己做更多的事情。在一段特定的时间之内，父母必须让自己的期望与孩子的能力保持一致，这样的期望可以使孩子感到安全。

很多父母虽然都知道要顺应孩子的能力及兴趣，然而，认知的层次并不等于行为，孩子的能力及兴趣如果是出于父母主观的认定，就谈不上所谓的"顺应"，反而是"操纵"了！最好先让孩子去尝试，再从日常生活中观察、了解孩子的学习情况，而且常跟学校老师联络，偶尔和孩子的同学、朋友聊聊，自然知道孩子大致上的表现，如果能为孩子做心理测验，那就更客观了。

父母对于孩子的学历和职业的期望，也应该秉持上述的原则。不要老是执著完美的期望，强迫孩子去实践。必须多考量孩子的现实条件和个别差异，不要做不当的比较，要接纳事实，修正对孩子的期望，让孩子愉快、充满信心地向前进，否则会造成孩子心理上很大的困扰，甚至不幸地酿成悲剧。

66. 到大自然中去陶冶健康身心

现代城市生活给人民带来了方便、舒适，这是人类文明演进的结果。但是，城市生活让人们失去了和广漠的大自然亲近的机会，从而失

去了从大自然的宏大、深邃中吸取智慧之源的可能。因此让孩子走向自然，对他们的身心健康是有好处的。

我们认为，某些现代人一定程度上所具有的那种琐碎与庸俗，也许正是整天蜗居在钢筋、水泥搭建的室内所导致的。

我们指出这一点，是因为这种结论与本书所倡导的教育理念密切相关。

缺乏想象与诗意的人生，往往是苍白的；没有远大志向的人生是琐碎的。两者往往正是很多条件优越的孩子所必须的。

因此，我们呼吁：解放孩子吧！最好带孩子到广阔的大自然里走走，让孩子回归到广漠的天地中去，那里他们肯定能够找到真正的快乐——人类的童年本来就属于大自然。应该经常带孩子去郊野，去农村，观察各种家禽动物，观赏迷人的自然风光。与此同时，父母经常给孩子讲一些童话故事，与孩子做一些童话游戏，这样也可以逐步培养孩子对生活的感受和领悟，培养良好的意志和道德。

这是为什么呢？

因为大自然是人类生活的根基，智慧的源泉。大自然的万千姿态、绚丽色彩及富有音乐感的声响，又成为对儿童进行审美教育的课本。

花草是美好事物的象征。用自己的眼睛赏花是进行心理按摩的好方法。一个人置身在花木之中，以花为伴，与花交友，一般都会使人心旷神怡，身轻气爽，忘记心中的不快，在一个人的心目中就仿佛绽开五彩的鲜花。孩子忧愁的时候，不妨带他去公园等有花的地方发泄一下。

这是对传统的教育理念的一种弥补。

因为传统的"注入式"教学已经忘却大自然这本好"书"，忘记了大自然是广阔的多姿多彩的生动课堂。

心理学研究表明，这种教育方式是违背儿童心理发展规律的。

例如在语言学习方面，传统教育方式丢弃了儿童独立学习语言的这一成功经验，单纯的语言思维不仅打破了第二信号系统与第一信号系统之间的平衡，而且已经逐渐导致第二信号系统源泉的枯竭。我们应该顺

第四章
运用管理的方法,做一个造就天才的能工巧匠

乎自然,利用儿童学习语言的经验,让儿童回归大自然,投入周围世界宽阔而丰富的怀抱中去。儿童智慧的火花在其间被点燃,丰富的感知广泛地储存了周围世界的表象,为第二信号系统开拓了取之不尽的源泉。在此过程中,应该注意让孩子接触周围世界,与认识大自然,与启迪智慧,与道德、审美教育有机结合。

(1) 渐次认识大自然

周围世界是一个相对的空间,一个由大自然与社会生活构成的光怪陆离的天地。其中大自然以它特有的丰姿、无与伦比的美感,成为对儿童特别富有魅力的场景。但大自然不宜一览无余地披露在孩子面前,必须渐次地在儿童眼前揭开大自然的面纱,使大自然的美貌在孩子的心灵中永远是新鲜的,富有诱惑力的。儿童对大自然的感情也在这有意无意间日积月累地积聚起来。

(2) 潜心启迪孩子的智慧

周围世界的某一场景虽然是广阔天地的一隅,但此物与彼物,甲现象与乙现象的变化及因与果的相互关系都可以激起儿童的思考。面对具体情境,感觉真切,思维就有了材料,推理就易于找到依据。这更有助于学龄期儿童具体的形象思维向抽象的逻辑思维过渡、发展。

因为大自然并不是孤立存在的,它与人相连,就必须与社会相通,涉及社会就包含着思想道德、审美情趣。因此,在引导儿童认识周围世界时,应有机渗透思想教育、道德教育及美的熏陶。情境教学帮助儿童走出封闭了很久的几十平方米的小教室,来到广阔的天地里,自由地呼吸到新鲜的空气,看到广袤的天宇下的大千世界。大自然及社会生活中的各种事物直接或间接地作用与儿童感官,有助于开放式地储存信息,为第二信号系统提供丰富的资源,使儿童得到源源不断的思维"材料",随着视野的拓宽,思维的领域也日益扩大。事实表明,只有保持两个信号系统的自然平衡,儿童的思维才会具有广阔性、深刻性、灵活性的品质。

(3) 到大自然中"玩"出智慧

孩子从一出生就主要呆在家里，不知道"外面的世界真精彩"，因此，只要孩子具备走出家门的能力，父母就应该尽量带他们出去，比如旅游、逛公园等。父母应当有目的地组织孩子参加这样的活动。须知，玩儿是孩子的天性。

卢梭在其巨著《爱弥儿》一书中强调，幼儿的生命力绝不软弱，而极为强壮旺盛。平常我们看到幼儿整天忙着活动，这就是生命力旺盛的最好表现。

可是很多父母认为，幼儿是幼小的，所以是软弱而未成熟的。说幼儿未成熟，这是绝没有任何异议的。但是如果认为未成熟比"成熟"的价值低，这就不对。伟大的教育家杜威认为，未成熟的"未"绝不是否定性、消极性的词语，而是具有肯定性、积极性的词语。并且对于教育孩子来说，"未成熟"正是一件天大的好事，所谓"一张白纸没有负担，可画最新最美的图画，可写最新最美的文字"。

我们静静地观察一下：幼儿以他们微弱的身体和精神的力量，自由自在地思考；以他们蹒跚不稳的脚步，走到雨过天晴后的屋檐下，蹲下来拼命寻找，看到小石子时就开始搜集，找到木条或小小木板，就忙着进行排列和组合……

他们的这些举动与大人的活动有什么两样？他们也在思考，也在研究，因此，他们与思想家、科学家没有多少区别。

幼儿教育之父福禄培尔认为，幼儿从小就具备了表现性、创造性、建构性等特质。孩子的这一系列表现毫无做作之感，就像一粒种子，正要发芽、生根，虽然还没有成熟，却充满着内在创造性的冲动。他们的动作或结果虽看起来不成熟，但是表现出无比的"活力"，父母们看了也会深深感动。

幼儿的成长，不论是知识的学习、人格的建立、身体的锻炼还是与人的交往、对美的追求，绝不是只靠言语就可以学会的，而必须让幼儿

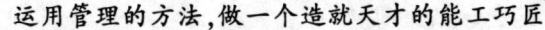

第四章
运用管理的方法，做一个造就天才的能工巧匠

全心全意进行活动，尽情地玩儿，他们才能有真正的体会。

英国幼儿教育专家伍德女士认为：最容易吸引幼儿注意的莫过于他们的经验和视野能领略的事物和环境，而幼儿们串连这一切信息的途径就是"玩乐"。他们什么都不知道，就只会"玩"。

她反对父母"想要教什么"的居心，提醒父母注重幼儿的真正生命力，只要幼儿喜欢的，就让他们去玩儿、去尝试和活动。

（4）父母用心与子女沟通意见

16岁的小敏非常关心政治，对国际局势常发表一些偏执的意见。对此，他父亲的做法就是训斥："你懂什么？这种复杂问题还是让我来告诉你吧！"

小敏非常生气，气冲冲地跑出去了，根本不想听他父亲的高论。

这位父亲的做法有欠妥当。这样不能使父子间相互沟通，也不能使儿子学到关于国际局势的正确观点，更不能赢得儿子的尊敬，他只会恨父亲和坚持己见。

父亲的正确做法应是不跟青少年争论。他可以这么说："你的看法我非常有兴趣，再说下去。"之后，他再重复他儿子见解的要点，以表示真的在听并且了解，然后，再提出他的看法："关于这个问题，我的意见跟你很不同，我的看法是这样的……"这样，孩子会乐于听取的。

在此提供如何与人沟通彼此意见的有效方法：

用心听对方的意见；

归纳对方谈话的要点；

不要直接批评；

提出自己的意见。

和子女沟通也是一样，父母首先应该站在听众立场上听取子女的意见，然后心平气和地跟子女交换意见，对子女不能明白表示出来的意见，替他们补充说明。这样既可使子女注意听父母的讲话，同时，也可赢得他们的心，赢得他们的尊敬。